ZHONGGUO XIANGCUN ZHENXING
FAZHAN ZHISHU LANPISHU
（2018）

中国乡村振兴发展指数
蓝皮书
（2018）

贾　晋　李雪峰　申　云　高远卓　伍骏骞 ○ 著
谢小蓉　董进智　陈　晖　严予若　尹业兴

西南财经大学出版社
Southwestern University of Finance & Economics Press
中国·成都

图书在版编目(CIP)数据

中国乡村振兴发展指数蓝皮书. 2018/贾晋等著. —成都:西南财经大学
出版社,2018. 8
ISBN 978 - 7 - 5504 - 3705 - 0

Ⅰ.①中… Ⅱ.①贾… Ⅲ.①农村经济发展—指数—研究报告—中
国—2018 Ⅳ.①F320. 3

中国版本图书馆 CIP 数据核字(2018)第 201613 号

中国乡村振兴发展指数蓝皮书(2018)

贾晋 等著

责任编辑:李晓嵩
责任校对:田园
封面设计:何东琳设计工作室
责任印制:朱曼丽

出版发行	西南财经大学出版社(四川省成都市光华村街55号)
网 址	http://www. bookcj. com
电子邮件	bookcj@ foxmail. com
邮政编码	610074
电 话	028 - 87353785　87352368
照 排	四川胜翔数码印务设计有限公司
印 刷	四川新财印务有限公司
成品尺寸	170mm × 240mm
印 张	13
字 数	227 千字
版 次	2018 年 8 月第 1 版
印 次	2018 年 8 月第 1 次印刷
印 数	1— 2000 册
书 号	ISBN 978 - 7 - 5504 - 3705 - 0
定 价	58. 00 元

序

"实施乡村振兴战略，是党的十九大作出的重大决策部署，是决胜全面建成小康社会、全面建设社会主义现代化国家的重大历史任务，是新时期做好'三农'工作的总抓手。"（习近平，2018年3月8日）。

充分发挥学科优势，精准施策，以助力乡村全面振兴，是学者的责任和使命。以西南财经大学贾晋研究员为带头人的研究团队，多年来一直深耕于我国农业经济和农业产业的研究领域，产生了一批有影响的学术成果和智库成果。2018年，贾晋研究员团队以中国乡村振兴发展指数为研究对象，围绕乡村振兴战略的"二十字"方针，从"产业兴旺、生态宜居、乡风文明、治理有效、生活富裕"五大目标任务入手，对乡村振兴战略的目标体系进行理论解构，并构建"六化四率三风三治三维"的指标体系，利用熵权TOPSIS法对2015年30个省（市、自治区）的乡村振兴发展水平进行测度和定位，以充分发挥指标体系具有评价功能、引导功能和预测功能，为实施乡村振兴战略定好"风向标"、用好"指挥棒"进行了有益的探索。

发展指数研究和编制是一个系统工程。指标的选取和测度，不仅需要有坚实的理论基础，而且需要全面深刻地反映实际；不仅要考虑指标的科学性，而且要考虑数据的可得性；不仅要考虑历史的评价，而且要考虑未来的引导。贾晋研究员团队进行的研究较好地体现了系统性原则，有积极的学术价值和重要的实践指导作用。读了贾晋研究员领衔编著的《中国乡村振兴发展指数蓝皮书（2018）》，我认为该书紧紧围绕中国乡村振兴发展这个核心，从理论与实践层面回答了新时代中国乡村振兴发展"怎么看""怎么办"和"怎么干"的问题。

"怎么看"："三大理论"和"五大规律"是理解乡村振兴的核心基础，深刻把握了乡村振兴战略的脉络线索。党的十九大开启了我国乡村振兴发展的新篇章。乡村振兴不仅仅是农业的现代化，也是整个农村的现代化，需要不断缩小工农差别和城乡差距，实现工农互促、城乡共荣、一体化发展，实现乡村"五位一体"全面振兴。乡村振兴要以习近平新时代中国特色社会主义思想为指导，依据乡村经济地理学理论及刘易斯的城乡二元经济结构理论，遵循乡村振兴的乡村产业发展、城乡空间演进、乡村文化发展、乡村治理发展、城乡人口流动五大发展规律，实施产业兴旺、生态宜居、乡风文明、治理有效和生活富裕"五位一体"的总体布局。在把握乡村振兴战略的脉络线索上，该书提出了延续调适城乡关系的政策主线，但调适格局、主体和目标均有所调整；延续农业农村改革的基本脉络，但政策的内涵、深度和指向均进入新阶段；延续新农村建设战略的主体内容，但政策目标体系和建设内容均出现升级。该书通过构建基础层、系统层和应用层"三维一体"的乡村振兴指标体系的理论分析框架，详细刻画了乡村振兴发展的理论基础和目标任务。

"怎么办"：根据"六化四率三风三治三维"的理论框架，从产业兴旺、生态宜居、乡风文明、治理有效和生活富裕这五个方面，构建了与省级乡村振兴"五位一体"相对应的指标体系。该书根据乡村振兴战略的理论分析，提出了"六化四率三风三治三维"乡村振兴指标体系。"六化"，即农业效率化、农产品品质化、农业机械化、农业科技化、农民组织化和农业融合化；"四率"，即乡村规划率、绿化治理率、道路通达率和医疗配套率；"三风"，即家庭之风、民俗之风和社会之风；"三治"，即自治、法治、德治；"三维"，即农民收入、收入差距和生活品质。该书选择 36 个细化指标以构建省级层面的乡村振兴战略指标体系。县级评价则以"四化四率三风三治三维两方面"为框架，选择了 19 个细化指标以构建县级层面的乡村振兴战略指标体系。

"怎么干"：全国东部地区、中部地区、西部地区和东北地区以及四川省各县在对标中找差距，从四川省百强名村与集体经济十强村典型中学经验。该书从产业兴旺、生态宜居、乡风文明、治理有效和生活富裕这五个方面，分别测算了 30 个省份乡村振兴发展分项指标的得分及排名，评价了各省份在乡村振兴发展中的竞争优势和劣势。同时，该书还构建了四川省县域乡村振兴指标体系并列出了排名前 10 位的县（区）。另外，该书还就四川省百强名村评选进行了分析。在该书的最后部分，作者用了六章的篇幅，系统性地提出了对策建议。

总之，贾晋研究员领衔编著的《中国乡村振兴发展指数蓝皮书（2018）》基础理论扎实，指标设置合理，可读性强，适合相关学者和公共管理人士阅读和研究。

当然，指数体系的首次建立还有些遗憾，理论框架构建和指标体系设计以及县村评价覆盖面还有完善和提升的空间，我们希望和相信贾晋研究员团队明年的蓝皮书会更加完美。

指标不等于目标，指标仅仅是目标的"引路人"，希望研究者和阅读者在指标的引导下对我国新时代乡村振兴目标有更加全面和深入的思考与实践。

尹庆双

2018 年 8 月 10 日于成都光华园

自序

党的十九大提出乡村振兴战略，将乡村振兴作为"三农"工作的总抓手，在神州大地上吹响了乡村振兴的号角，中国农业农村发展进入了新的历史阶段。2018年中央"一号文件"聚焦乡村振兴战略，各级党委、政府围绕乡村振兴战略纷纷开展规划编制和试点推进工作。但从实践情况来看，无论从政策认识、理论构建，还是试点推进，仍然有一些值得探讨和思考的问题，需要进一步分析厘清。

首当其冲的，就是乡村振兴的目标是什么？如何能够将美好的发展愿景和各项具体的发展目标结合起来，为乡村振兴政策及规划的出台提供科学的量化分析依据？如何将乡村振兴的远期目标和当前农业农村发展亟待解决的各项现实问题结合起来，实现近期、中期和远期目标的合理聚焦与有机统一？如何能够科学地评价一个区域的乡村振兴发展水平，找出发展的优势和短板，为下一步的工作提供参考？正确认识和把握乡村振兴战略目标，关乎政策制定、执行和考核，事关基层乡村振兴工作的具体推进方向。中国有句老话："失之毫厘，谬以千里。"目标上出现偏差，将会给下一步的工作推进造成极大的影响。

要科学地厘清乡村振兴战略的目标，需要我们准确把握政策方向，深刻领会中央乡村振兴战略部署的深远意义和内涵实质；需要我们回归"理论常识"，科学研判乡村发展的客观规律，运用科学的理论、方法去研判乡村发展的方向；需要我们深入实践，到"中国场景"中去探寻乡村振兴的关键问题和特殊矛盾。

为此，我们紧密围绕乡村振兴战略目标，在"解构—评估—献策"的分析框架下，通过构建中国乡村振兴发展指数，试图回答上述问题。首先，我们通过深入剖析乡村振兴的政策内涵、脉络线索和理论框架结构，科学地解构乡村振兴的内涵实质，为乡村振兴指标体系构建提供理论依据。其次，我们围绕乡村振兴"二十字"总目标，构建了"六化四率三风三治三维"的指标体系，在省、县、村级层面对乡村振兴发展水平进行横向和纵向比较，系统梳理乡村振兴的发展优势和薄弱环节，明确现实工作的重点、难点和努力方向，为因地制宜、分类施策、推进各地乡村振兴发展提供量化管理依据和系统决策参考。最后，我们围绕乡村振兴战略推进过程中需要警惕的错误倾向、绿色发展、基层党组织的建设、有效治理、农民增收等突出方面，结合各地实践情况，提出了具体的政策建议，以期供各地开展乡村振兴工作参考。

乡村振兴发展指数研究是建立在团队前期工作基础上的。2017年，我们受四川省委农工委和四川省村社发展促进会委托，开展"四川省百强名村"和"四川省集体经济十强村"评选的指标研究工作。2018年，我们又参与制定"四川省特色村"评选活动的指标体系。同年，我们还参与了四川省乡村振兴考核指标的前期研究工作。这些工作为我们的研究积累了宝贵的经验，打下了扎实的基础。2018年6月，在西南财经大学召开的"乡村振兴指数发布会"上，我们发布了全国首个乡村振兴发展指数，受到多家新闻媒体的深度报道。参会领导及专家对乡村振兴指数研究提出了宝贵的意见，为我们进一步完善研究报告提供了智力支持。研究报告的相关内容先后受到各级领导的肯定性批示，并在相关期刊和报纸上发表。

诚然，由于首次开展乡村振兴指数研究，我们的研究还存在一些不足和值得改进的地方，恳请各位读者给予批评和帮助。我们相信，中国乡土大地上正在发生的这场伟大实践将为我们提供前进的力量，我们会脚踏实地，坚持不懈，力争为中国乡村振兴的伟大事业贡献绵薄之力。

贾晋

2018 年 8 月 26 日

目录

第一部分　解构：乡村振兴战略体系内涵

第二部分　评估：乡村振兴发展指数全测度

第三部分　献策：乡村振兴发展路径新建议

第一部分

解构：乡村振兴发展体系内涵

第一章　党的十九大开启我国
乡村振兴发展新征程

实施乡村振兴战略，是党的十九大作出的重大决策部署，是决胜全面建成小康社会、全面建设社会主义现代化国家的重大历史任务，是中国特色社会主义进入新时代做好"三农"工作的总抓手。2018 年中央"一号文件"以乡村振兴战略为主线，细化和部署了乡村振兴战略的时间表和路线图，各级党委和政府也开始结合当地实际制定乡村振兴战略的具体政策措施。然而，目前仍缺乏对乡村振兴战略目标体系的细化研究，进而无法对各省份的乡村振兴发展水平进行测度以厘清发展短板，从现实层面制定乡村振兴战略的发展目标。因此，只有通过构建乡村振兴战略的指标体系，在省级层面对乡村振兴发展水平进行横向比较，系统梳理各省的发展优势与薄弱环节，明确现实工作的重点、难点以及努力方向，为因地制宜、分类指导推进各地乡村振兴进程提供量化管理依据，才能够精准施策，以助力乡村全面振兴。

目前，国内学者就乡村振兴战略的重要价值表示了高度赞同，并且在乡村振兴战略的具体建设目标和任务方面，一致认同应该紧密围绕"二十字"方针进行设置，体现为五大目标任务。然而，就五大目标任务的具体解构而言，各位学者间既存在观点的共同之处，也在细节描述方面存在争议之处。

就观点的共同之处而言，第一，乡村振兴战略延续了新农村建设战略"二十字"方针的主体内容，并且除乡风文明外，其他要求的变化不仅体现在文字的调整上，更体现在内涵的深化上，凸显了鲜明的问题导向和目标导向，有效地回应了当前社会的主要矛盾（姜长云，2017；叶兴庆，2018；李周，2018）。第二，乡村振兴战略的五大目标任务是相互联系、有机统一的整体，为准确认识五大目标任务，不仅要有效界定"二十字"方针的科学内涵，还要把握好"二十字"方针的内在逻辑性和相互关联性（郭晓鸣，等，2018；黄祖辉，2018）。

就观点的争议之处而言，更多地体现在对乡村振兴战略的五大目标任务的具体界定方面。以生态宜居为例，郭晓鸣等（2018）仅从有效治理农村环境问题，改善水、电、路、气、房、通信等基础设施等方面提出要基本建成生态宜居的美丽村落。李周（2018）在此基础上，又将农业生产绿色化、持续化概念纳入概念描述，提出应降低中国耕地的耕作强度，减少化肥、水资源的耗用量。此外，黄祖辉（2018）提出要赋予生态宜居更多的内涵，不仅提出要满足乡村和城市居民对美好生活向往的宜居环境，实现对城市居民开放、城乡互通的生态宜居，还提出要实现乡村自然环境保护和开发利用的和谐统一，实现"绿水青山就是金山银山"的既定目标。需要指出的是，构建乡村振兴战略的指标体系需要对五大目标任务进行明确界定，而目前国内学者并未就这一问题达成共识，仍需我们对该目标进行理论层面的再厘清。

如何将乡村振兴战略目标进一步细化为评价指标体系呢？目前，部分地方政府结合当地乡村社会经济发展实际，率先制定了将乡村振兴战略的五大目标任务转化成可量化评价的指标体系。① 然而，各地所做的实践探索缺乏对五大目标任务的整体理论解构，并且部分指标设置具有地域性特征，难以适用于全国范围内的横向评价。鉴于此，本书将围绕乡村振兴战略的"二十字"方针，从"产业兴旺、生态宜居、乡风文明、治理有效、生活富裕"五大目标任务入手，对乡村振兴战略的目标体系进行理论解构，并构建"六化四率三风三治三维"的指标体系，利用熵权 TOPSIS 法对 2015 年 30 个省（市、自治区）② 的乡村振兴发展水平进行测度和定位，以期为乡村振兴发展提供理论参考和方法借鉴。

---

① 例如，山东省委、省政府在《山东省乡村振兴战略规划（2018—2022 年）》中，构建了由 27 个可量化指标组成的"乡村振兴齐鲁样板指标体系"；河南省政府发展研究中心遵循"对接国家战略、体现河南特色、指标科学适用"的原则，构建了由 6 个一级指标和 43 个二级指标组成的河南省乡村振兴指标体系。

② 由于西藏自治区和港澳台地区存在部分数据缺失问题，故未将其纳入评价范围。

第二章 把握乡村振兴战略的脉络线索

第一节 延续调适城乡关系的政策主线，
但调适格局、主体和目标均有所调整

改革开放以来，中国在经历多年经济高速增长之后，出现了一些结构性问题，最突出地表现在城乡区域和产业之间的发展不平衡问题，由此造成了城乡居民社会福利分配的群体性失衡。进入 21 世纪以来，这种失衡引发了"农村真穷、农民真苦、农业真危险"的历史性警示，受到了党中央高度重视。党中央先后出台一系列围绕城乡关系调适的政策性文件。2002 年，党的十六大报告提出全面建设小康社会，明确将城乡统筹发展作为重要任务。2005 年，党的十六届五中全会提出社会主义新农村建设目标。2007 年，党的十七大报告提出形成城乡经济社会发展一体化新格局。2012 年，党的十八大报告提出城乡一体化，并做出经济社会发展进入"两个反哺"新阶段的判断。2017 年，党的十九大报告提出乡村振兴战略，并做出建立健全城乡融合发展体制机制的安排。可以看出，中央政策脉络沿着"统筹城乡→城乡一体化→城乡融合"这条主线，始终将调适城乡关系作为整个政策体系的重点。当然，乡村振兴战略虽然延续着 21 世纪以来城乡关系调适的政策主线，但整个政策调适的格局、主体和目标均有所调整。

就政策调适格局而言，将由补齐短板变为构筑增长极核。乡村振兴战略在党的十九大报告中作为全面建成小康社会七大发展战略之一，也是构建现代经济体系六大发展战略之一。同时，按照乡村振兴战略的时间表，乡村全面振兴的时间跨度持续到 2050 年，跨过精准脱贫、全面建成小康社会和建设社会主义现代化强国等几个重要的历史节点，相对于过去的城乡关系调适政策，乡村振兴战略是

长远的战略部署。上述政策立意表明农业农村的优先发展不再局限于农民增收、农业现代化等单项目标，将突破补齐农业现代化的短板，赋予其为高质量经济发展贡献力量的历史新任务。

就政策调适主体而言，将由党政单元统筹变为社会多元共建。乡村振兴战略不再仅是各级党政部门单方面的工作，将突破"城市统筹乡村、工业带动农业"的发展思路，同等看待城市和乡村的发展地位，重点培育乡村发展的内生动力，变"输血式"发展模式为"造血式"发展模式。在此过程中，各级党政部门的作用更多地体现在通过体制机制设计，让包括乡村居民在内的社会各界积极参与进来，充分发挥自身的主观能动性以振兴乡村，规避过去在新农村建设以及脱贫攻坚工作中出现的农民"被上楼""被增收"等现象。

就政策调适目标而言，将由"千村一面"变为"千村千面"。从乡村发展的国际经验看，无论是日本"乡村重建计划"、韩国"新村运动"，还是德国"村庄更新"等特色化的乡村发展路径，都是和该国历史、自然禀赋和当时的政治经济环境具有密切相关性的。在城乡生产要素双向自然流动的体制机制下，城乡既在现代化水平上融为一体，又在发展模式、资源配置方式上各具特色。乡村将遵循其自身发展规律，探索差异化发展路径，而不是简单复制城市的形态。乡村振兴的目标体系也必然是一个多维度的、多层次的非线性目标体系结构。

第二节　延续农业农村改革的基本脉络，但政策的内涵、深度和指向均进入新阶段

从 20 世纪 80 年代开始，以包产到户、撤社建乡改革为序幕的农业农村改革拉开了中国改革开放的序幕，并通过不断的改革实践形成了农业农村基本的体制框架。具体而言，基本经营制度方面，形成了以家庭经营为基础，统分结合的双层经营体制。农村土地制度方面，形成了所有权、承包权、使用权三权分置的土地产权制度体系。乡村治理制度方面，形成了支部为核心的政党制度，村民委员会为单元的自治制度，以集体产权制度为核心的经济制度。农业支持制度方面，形成了公共财政覆盖农业农村的基本政策框架。

回顾农业农村改革历史脉络，新中国成立初期第一轮改革的核心是围绕

"地"的产权属性展开的。新中国成立前后开展的农村土地改革，通过平均地权方式调整人地关系，巩固了中国共产党的执政基础。人民公社化改革改变了农地私有产权状况，实现了农村土地的集体所有制，并构建了建立在农地集体产权基础上的政社合一的人民公社体制。人民公社体制下"三级所有，队为基础"的制度设计也奠定了中国农村产权制度的基础，其影响一直延续到现在。

改革开放初期的第二轮改革的核心是围绕"人"的流动方向展开的。包产到户改革通过制度调整激发农业劳动力的生产积极性，促进粮食产量增加的同时，将农村中的剩余劳动力解放出来。农村劳动力开始逐渐走出农业，从调整农业结构、开展多种经营，到从事农产品加工、兴办乡镇企业，农村经济呈现出前所未有的活力。同时，大量剩余劳动力还走出农村，走向城市，为中国工业化和城镇化进程贡献了大量优质廉价的劳动力。

进入 21 世纪以来的第三轮改革的核心是围绕"钱"的流动方向展开的。农村税费体制改革一方面通过减轻农民税费负担，减少直至断绝了"国家—农民"的税费资金流动；另一方面又通过加大对农业补贴的力度，增加了"国家—农民"的财政补贴资金流动。同时，国家通过优化基层政府财权和事权的配置，有效调整了中央、基层政府和农民之间的关系。改革以实际措施有效地支撑了"两个反哺"的政策框架，随着财政资金大量进入农业农村，农业农村基础设施建设条件日益改善，金融资本和工商资本也逐渐开始进入农业农村。

乡村振兴战略开启了第四轮农业农村改革，涉及的改革范围更广，包括"人"（农村人口、农民工和城市下乡人口）、"地"（宅基地、集体经营性建设用地和农地征收征用）、"钱"（财政资金、金融资本和工商资本）三方面的综合改革；涉及的改革深度更深，通过体制机制变革，促使生产要素的流动从单向、非线性的平行式流动转化为双向、共线性的融合式流动；涉及的改革目标指向也更明确，通过外生要素的双向流动培育和激发农业农村内生动力，全面提升农业全要素生产率、农村社会治理水平和农民社会保障水平。

第三节　延续新农村建设战略的主体内容，但政策目标体系和建设内容均出现升级

根据《中共中央　国务院关于实施乡村振兴战略的意见》，实施乡村振兴战

略的目标任务分为三步走：到 2020 年，乡村振兴取得重要进展，制度框架和政策体系基本形成；到 2035 年，乡村振兴取得决定性进展，农业农村现代化基本实现；到 2050 年，乡村全面振兴，农业强、农村美、农民富全面实现。而在具体的建设目标和任务方面，乡村振兴战略和 2005 年党的十六届五中全会提出的社会主义新农村建设战略一样，都用"五句话、二十字"进行概括，即产业兴旺、生态宜居、乡风文明、治理有效和生活富裕。总体来说，乡村振兴战略依然延续着社会主义新农村建设战略的主体内容，但除乡风文明在表述上保持不变外，其余"四句话"均有所调整。可以看出，其政策内涵、范围和目标都有更高层次的要求，可以说是之前的升级版。

从生产发展到产业兴旺。生产发展着眼于现代农业发展，通过农业基础设施建设、农业科技创新推广、农业产业链条延伸等重要途径，促使中国农业生产水平实现了质的飞跃。经过多年的努力，农业生产力实现大幅提升，农业的主要矛盾已经由总量不足转变为结构性矛盾，表现为阶段性的供过于求和供不应求并存的矛盾（叶兴庆，2018）。产业兴旺延续了生产发展的农业现代化发展思路，但突破了补齐现代化短板的既定目标，以农业供给侧结构性改革为主线，释放农村农业的内生发展动力，支撑农村成为与城市同等重要的增长点。2004—2017 年中国粮食总产量变化情况如图 2-1 所示。

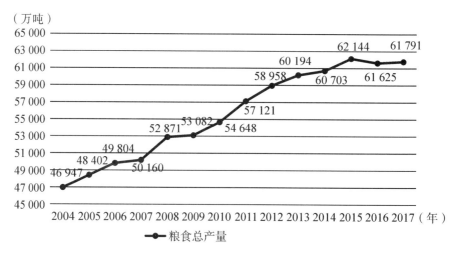

图 2-1　2004—2017 年中国粮食总产量变化情况

从村容整洁到生态宜居。村容整洁着眼于村容村貌整治，通过改善人居环境让乡村成为既能乐业又能安居的家园。生态宜居在此基础上，将生态文明理念融入乡村生产生活，突出了"绿水青山就是金山银山"的发展理念，也提出了人与自然和谐共生的新要求。这意味着，乡村整治需要转变发展思路，从改善人居环境的单一目标转变为追求人居环境与生态环境并重的复合目标，并要求农村居民转变传统的生产生活理念，组成乡村生态细胞单元，共同助力乡村生态文明建设。

从乡风文明到乡风文明。"乡风文明"是"二十字"方针中唯一未在表述上做出调整的要求，表明其仍符合当前乡村社会经济发展现状，将更多地延续新农村建设战略的主体内容。然而，乡村文化建设并未实现与社会经济的同步快速发展，并且在城市现代文化的持续冲击下，乡村文化甚至陷入日渐凋敝的现实困境，已无法满足农村居民日益增长的精神文化需求。为实现乡村振兴的同步发展，当前的乡风文明无疑将面临更加紧迫的发展要求。

从管理民主到治理有效。管理民主着眼于让广大农民积极主动地参与到乡村自治过程中，行使更多的民主权利，自主决策和管理乡村内部事务。截至 2016 年年底，中国基层群众自治组织共计 66.2 万个，基层民主自治组织建设实现了快速发展，村民自治水平、民主自治意识也取得了稳步提升。[1] 治理有效在延续"自治"内容的基础上，以提高乡村治理效率为导向，变"管理"为"治理"，一方面突出了乡村治理去行政化决心，另一方面突破了民主自治的形式约束，明确了乡村治理的多元化格局。

从生活宽裕到生活富裕。生活宽裕着眼于物质生活水平的提高，让农民过上衣食无忧的生活。国家通过加快农村劳动力转移，工资性收入成为促农增收的主要途径，农村居民的人均可支配收入由 2004 年的 2 936 元提升至 2017 年的 13 432 元（见图 2-2），基本实现了预期目标。生活富裕在此基础上，为应对城乡收入差距大、工资性收入增长乏力等问题，将进一步要求增强促农增收的持续动力，丰富农村居民的收入来源。同时，物质宽裕的单一目标转变追求物质富裕与精神富裕并重的复合目标，逐步缩减城乡居民生活差距，确保村民在乡村振兴

---

[1]　数据来源于民政部中国社区发展协会发布的《2016 年中国社区发展报告》。同时，据民政部统计，截至 2012 年年底，中国村委会直接选举的比例已经超过 98%（http://news.xinhuanet.com/2013−12/05/c_118439885.htm）。

过程中有更多获得感。

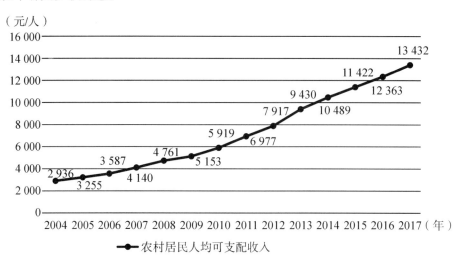

图2-2　2004—2017年中国农村居民人均可支配收入

第三章 乡村振兴战略理论框架解构

乡村振兴战略"二十字"方针体现的五大目标任务构成了一个不可分割的有机整体,既要突出各自重点,又不能相互矛盾。本书通过构建基础层、系统层和应用层"三维一体"的乡村振兴战略理论框架,详细刻画了乡村振兴发展的理论基础、目标任务和指标体系应用。在对乡村振兴战略理论框架解构的过程中,不仅从字面内容对各目标任务进行单独解构,而且将各目标任务本身的理论基础和内在逻辑纳入统一的分析框架中进行系统分析。

第一节 "三大理论" 和"五大规律" 是理解乡村振兴的核心基础

随着城市化发展战略的深入推进,传统的城乡二元结构带来城乡发展不平衡不充分的矛盾成为长期困扰中国经济高质量发展的重要障碍,因此乡村振兴战略应运而生,成为破解城乡二元结构的重要行动指南。为了理解城市化战略和乡村振兴战略二者的有机统一,需要利用"三大理论"和"五大规律"来把握乡村振兴发展的理论基础和基本内涵。

根据乡村经济地理学的相关理论,乡村振兴的核心在于将乡村地区的经济、社会、人口、聚落、文化、资源利用及环境等问题在空间上的集聚和优化布局,把城—乡作为一个整体来反映城乡土地利用结构、劳动力结构、产业结构、收入结构、乡村治理结构等变迁路径。乡村振兴的本质体现了中央一直以来采取的城乡统筹—城乡一体化—城乡融合政策主线,始终将调适城乡关系作为整个政策体系的核心重点,也体现了城乡融合发展理论的内涵。

遵循农业农村发展的基本规律和习近平新时代中国特色社会主义思想,实施乡村振兴战略是建立健全城乡融合发展的体制机制和政策体系，加快推进农业农村现代化的重要体现，也是新农村建设战略的升级版、宏观版。乡村振兴不仅仅是农业的现代化，也是整个农业农村的现代化，需要不断缩小工农差别和城乡差距，实现工农互促、城乡共荣、一体化发展，实现乡村"五位一体"全面振兴。推进乡村振兴战略是重塑城乡关系、巩固和完善农村基本经营制度、深化农业供给侧结构性改革、坚持人与自然和谐共生、传承农耕文明、创新乡村治理体系、打好精准脱贫攻坚战的重要目标路径和发展方向，体现出新时代"三农"理论的基本要求。

刘易斯的城乡二元经济结构理论思想的核心体现了城乡要素流动的核心内涵，即体现了人、地、钱对应的劳动力、土地和资本要素之间的关系。大多数发展中国家向发达国家跨越的发展事实表明，劳动力从农业部门向非农部门的流动将带来资本要素从农业部门向非农部门的转移，城市的扩张发展也将带来土地要素在城乡空间上的动态调整。这种要素的流动变迁为乡村振兴发展提供了重要的理论基础，体现了城乡要素流动理论的核心内涵。

由于乡村振兴发展是一个系统工程，也是一个全面科学的理论体系，在落实乡村振兴战略过程中，不仅要遵循经济发展的外在规律，同时也要尽量满足乡村振兴发展的内在规律。这具体表现为乡村产业发展、城乡空间演进、乡村文化发展、乡村治理发展、城乡人口流动五大发展规律，分别对应产业兴旺、生态宜居、乡风文明、治理有效和生活富裕"五位一体"的总体布局思路。

第一，乡村产业发展规律是落实乡村振兴发展的核心关键。例如，粮食和主要农产品供给仍然是乡村产业的重要保障功能，劳动密集型产业仍然是乡村产业的重要类型，乡村产业发展要走内涵式发展道路，科技创新和人力资本升级是乡村产业升级的根本动力，农产品加工业是乡村产业升级的重要抓手，这些发展趋势成为乡村产业发展规律的重要体现。第二，城乡空间演进规律是理解乡村振兴战略趋势的重要内涵。乡村振兴并非针对所有乡村的全面振兴，部分乡村可能衰败甚至消亡，城乡之间的空间边界逐渐模糊，乡村空间的生活和生态功能日益凸显，空间聚集形态逐步从点—带—面—网的趋势转变。第三，乡村文化发展规律体现了农耕文明、农民文化素养和中华民族几千年的传统。其中消极的一面具体表现在农民整体素质偏低、陈规陋习难以根治、公共事业发展滞后等方面。第四，乡村治理发展规律是理解德治、法治和自治"三治"的乡村治理体系，推动基层组织建设和社会稳定有序的重要保障。这具体表现为社会结构中的治理对象和主体开始发生变化，乡村社会由基于亲缘的熟人社会向基于制度的契约社会转变，乡村社会价值观由单一化向多元化转变，乡村事务内涵和外延发生变化以及乡村治理制度变迁等趋势。第五，城乡人口流动规律是实现城乡均衡发展和化解城乡发展不平衡不充分的重要动力。这具体表现为城乡人口交互流动，部分人群出现逆城镇化或郊区城镇化，使得城乡融合越来越深入，城乡人口流动中的非经济因素开始成为人们流动的重要依据，"传统候鸟式人群"逐渐向"新候鸟式人群"转变等趋势。

第二节　乡村振兴"五位一体"的目标任务是有机整体的系统工程

一、产业兴旺是乡村振兴的经济基础

产业兴旺是乡村振兴的首要内容，也是推动乡村振兴发展的核心动能。振兴乡村发展的首要前提就是有足够的资源要素投入，主要表现在人、地、钱三个方面。但是，各类资源要素的流动是基于市场交易原则进行的，振兴乡村必须要以产业发展作为经济基础，才能更好地吸引各类优质资源要素。否则，不但无法吸引外来优质资源进入，还会发生当地资源要素的急剧外流。当然，各类资源要素可以在优惠政策的引导下实现向乡村集聚，但中国乡村面积辽阔，仅靠各级政府对多数乡村实施"输血式"帮扶，难以全面实现中国乡村的持续振兴。因此，要让各类资源要素自发地流入乡村，推进乡村振兴战略五大目标任务的同步发展，必须把促进乡村产业兴旺作为第一要务。

二、生态宜居是乡村振兴的硬指标

生态宜居是乡村振兴的硬性要求，是留住乡村劳动力、实现可持续发展的基本前提。乡村作为农民生产、生活的基本载体，建设生态宜居的家园是广大农民最现实、最迫切的希望。既要通过产业兴旺吸引各类资源要素进入乡村，也能通过生态宜居确保乡村能够留住以优质劳动力为代表的各类资源要素，让乡村真正成为引得进人才、留得住人才的美好家园。特别地，乡村振兴战略具有长期性特

征，要确保乡村社会经济的可持续发展，在农民生产生活、农村产业发展等各个方面，都需要以生态宜居作为基本前提，拒绝以破坏生态平衡换取产业兴旺、生活富裕的发展路径。

三、乡风文明是乡村振兴的软环境

乡风文明是乡村社会进步的直接表现，也是促进乡村振兴发展的重要推力。在乡村振兴战略的五大目标任务中，乡风文明是乡村区别于城市发展的重要特征和优势，虽然无法发挥"雪中送炭"的作用，但足以充当"锦上添花"的功能。作为社会文明进化的最终呈现形式，端正的乡村风气和乡村习俗会影响家庭及邻里的文明进化，既为乡村产业发展提供了更加丰富的文化载体，也营造了和谐的乡村社会环境，为促进乡村振兴提供良好的发展环境，推动各项目标任务的有序推进。

四、治理有效是乡村振兴的组织保障

治理有效作为乡村振兴的固本之策，为推进乡村振兴各项任务提供基础保障。营造稳定的乡村社会环境是保障乡村生态宜居的首要前提，也是推进乡村产业兴旺的重要基础。不难解释，即使乡村具有优越的自然禀赋优势，但受限于区域治理问题，不仅会增加当地农民的生产成本，还会增加外来资本进入乡村的交易成本，阻碍乡村产业发展进程。因此，治理有效与"三农"事业发展息息相关，治理有效的程度、水平与质量，直接决定乡村振兴发展的进展与成效。

五、生活富裕是乡村振兴的根本目标

生活富裕是农村居民最关心的利益问题，是"以人为本"的乡村振兴战略的最终评价标准。乡村振兴的立足点和出发点，就是要通过振兴乡村社会经济发展，让农民过上生活富裕的好日子，是对人民美好生活需要的主动回应。正如古人所言："仓廪实而知礼节，衣食足而知荣辱。"农民只有在基本满足衣食无忧的生理需要后，才有足够的闲暇去继承和发展乡村优秀传统文化，协助实现乡村治理有效。同时，生活富裕也要求农民能够参与到农村社会经济发展的过程中，确保农民分享发展红利的权利，让农民成为乡村振兴的直接受益者。

总体而言，乡村振兴"五位一体"的目标任务之间是一个内在的有机整体，

需要用系统性的思维来进行统筹考虑，但各分项目标任务之间却各有侧重，既兼具了整体性的逻辑主线又体现了独立性的特色内容。因此，乡村振兴体系需要采用系统性的视角来整体思考和分析，产业兴旺和生活富裕是乡村振兴的"硬基础"，而生态宜居、乡风文明和治理有效则是乡村振兴的"软环境"，只有实现二者的有效统一协调，才能真正达到振兴乡村的目的。乡村振兴指标体系的理论框架如图 3-1 所示。

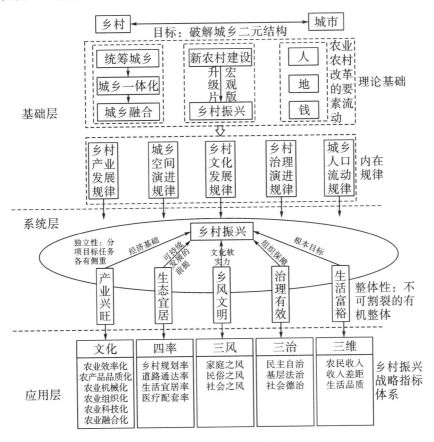

图 3-1　乡村振兴指标体系的理论框架

第三节 "六化四率三风三治三维" 是乡村振兴指标体系的具体应用

产业兴旺植根于农村，但产业选择不局限于农业本身的发展；依托于小农，但参与主体不受农村内部成员的限制。在充分保障粮食安全的基础上，为了让农村产业真正成为健康可持续的产业，需要以瞄准乡村居民的消费需求变化为重点，注重提高农业创新力、竞争力和全要素生产率，并且突破单纯以农业为主导的产业发展定式，大力开发农业多种功能，培育壮大农村新产业新业态，促进农村一二三产业的融合发展。这具体表现为产业兴旺的"六化"统一，即推动农业效率化、农产品品质化、农业机械化、农业科技化，确保农业本身的兴旺发展，夯实农村产业基础；突出农民组织化，加快发展多种农业生产经营组织形式；落实农业融合化，推动农业发展的"接二连三"，深挖农村产业的"价值洼地"。

生态环境和人居条件既是从外部看乡村的"面子"，凸显生态环境的整洁度，也是衡量乡村生产生活质量的"里子"，凸显生活宜居品质的舒适度（叶兴庆，2018）①。生态宜居要避免大拆大建，不能加重农民负担。以"村容整洁"作为生态宜居的前提，需要在现有资源环境承载力和绿色发展的基础上，变"绿水青山"为"金山银山"，促进乡村产业兴旺和村民生活富裕的实现。这具体表现为生态宜居的"四率"提升，其中乡村规划率和绿化治理率反映了村容整洁的重要内涵，也是新农村建设时期的内容的重要延续；道路通达率是提升农村人居环境的重要基础条件；医疗配套率是保障人们生活宜居品质的重要保障，是城市生态宜居的重要外延体现。

乡风文明延续了几千年的中国农耕文明，强调对乡村优秀传统文化的保护与继承，并且融入了工业化、信息化带来的现代文明，赋予乡村优秀传统文化更丰富的时代内涵。根据费孝通在《乡土中国》中关于文化传统与城乡发展模式的理论阐述，乡风文明需要深入挖掘优良传统文化底蕴，构建家庭、民俗和社会三

---

① 叶兴庆. 新时代中国乡村振兴战略论纲［J］. 改革，2018（1）：65-73.

大风气的有效联结和传递。这具体表现为乡风文明的"三风"统一，构建以家庭之风、民俗之风和社会之风为核心的现代乡村文明体系，抵制传统乡村中的文化陋习和人情消费负担，提高乡村文明质量，改善乡村营商环境，实现乡村软环境竞争力的提升。

乡村治理必须在坚持党的核心领导地位的基础上，以提高治理效率为导向，有效地利用乡村的正式制度和非正式制度，加快构建自治、法治、德治相统一的乡村治理新体系，变党政部门单元化行政管理为多元化综合治理。既要实现对乡村治理事务的全覆盖，也要确保治理的低成本化和可持续化。这具体表现为治理有效的"三治"合一，其中法治属于正式制度与他治有效结合的制度安排，德治属于非正式制度与自治相结合的制度安排，而自治以民主管理和村民参与为基本前提，是治理有效的制度基础。

生活富裕既是对农民生活质量的静态考量，也是动态考量。可支配收入作为重要的衡量指标，要实现生活富裕，不仅要农村居民在收入总量上实现达标，而且要能够长期保持增收的状态。同时，生活富裕既是一个绝对的概念，可以通过对现有物质需求的满足情况进行衡量，也是一个相对的概念，需要在一定区域内不落后于其他居民生活质量的平均水平。这具体表现为生活富裕的"三维"统一，其中农民收入将同时反映农民可支配收入的静态水平和动态水平，是考量生活富裕的首要因素；收入差距主要反映城乡居民的相对差异，重点突出可能存在的发展不平衡问题；生活品质更为直观地反映农民生活质量，是生活富裕的直接体现。

第二部分

评估：乡村振兴发展指数全测度

第四章 乡村振兴战略的指标体系构建

第一节 基本原则

第一，指标体系遵循科学性与普适性。区别于部分政府部门构建指标体系的实践逻辑，本书首先需要对乡村振兴战略做理论层面的目标解构，以此确保指标体系既能全面地体现乡村振兴战略的"二十字"方针，又能有针对地突出产业兴旺、生态宜居、乡风文明、治理有效和生活富裕的重点任务内容。同时，本书构建的指标体系要确保各省份在"三农"事业发展中的优点和缺点都不能被过分放大，既能够适用于在全国范围内进行横向比较，又能够对某一省份在不同年度进行纵向比较，从不同视角反映每个省份乡村振兴发展的实际水平。

第二，指标内容具有延续性与综合性。在制定乡村振兴战略的评价指标体系时，本书既参考了李立清和李明贤（2007）、张磊（2008）等学者建立的新农村建设战略的评价指标体系，又参考了山东、河南、浙江等省份的乡村振兴区域指标体系内容。为发挥乡村中的先进示范效应，我国出台了系列示范单位的创建标准，并以此评比出了一大批国家级示范单位，如"全国文明村""全国民主法治示范村""国家农民合作社示范"等。本书将充分借鉴已有的创建标准，并把部分评选结果作为乡村振兴战略的评价元素纳入考核范围。

第三，指标选择注重可比性与可操作性。构建指标体系的目标在于对各省份的乡村振兴发展水平进行横向比较，需要考虑指标在一定时期内的相对稳定性，并确保指标体系口径一致，核算和综合方法要统一。特别是考虑到省份之间的发展规模存在显著差异，需要针对每个指标的经济含义做标准化处理，确保指标体系的可比性。同时，构建指标体系的目的在于指导实际评价，要尽可能利用现有统计数据，对不可获取数据采取相似替代的方法，既要保证指标的经济含义明确，又要避免理论可行却无法用于实践，确保指标评价结果的可操作性。

第二节 指标体系

根据前面对乡村振兴战略五大目标任务的解构，本书构建了"六化四率三风三治三维"的指标体系，总共 36 个细分指标。其中，数据主要来源于《中国统计年鉴》《中国农村统计年鉴》《中国民政统计年鉴》《中国社会统计年鉴》《中国文化文物统计年鉴》、浙江大学的《中国农产品区域公用品牌价值评估报告》以及农业部、司法部的相关评选公告，同时部分微观调查数据来自中国人民大学组织的 2015 年中国综合社会调查（CGSS）。具体指标选择如下：

第一，产业兴旺的"六化"。一是农业效率化，通过人均农林牧渔业产值、节水灌溉耕地面积占比两个指标来反映农业效率；二是农产品品质化，通过农产品区域公用品牌价值来反映区域农产品品质；三是农业机械化，主要通过亩①均农业机械动力来反映农业机械化水平；四是农业科技化，主要通过研发经费投入占地区生产总值的比重来反映地区对科学研发的重视程度；五是农民组织化，主要通过国家农民专业示范合作社数量和农业产业化国家重点龙头企业数量来反映新型经营主体对小农户的组织带动程度；六是农业融合化，主要通过农产品加工业规模以上企业主营业务收入、中国最美休闲乡村数量来体现农业与第二产业和第三产业之间的融合程度。

第二，生态宜居的"四率"。一是乡村规划率，主要通过已编制村庄规划的行政村占比来反映乡村建设的整体规划情况；二是道路通达率，主要通过人均村庄道路面积来反映村庄交通通达状况，用开通互联网宽带业务行政村占比来反映村庄网络通达状况；三是生活宜居率，反映了村容整洁的重要内涵，也是新农村建设时期的内容的重要延续，分别用农村卫生厕所普及率和农村自来水供给普及率来反映人居环境，用农村生活污水处理率和农村生活垃圾处理率来反映生态环境；四是医疗配套率，这是农村居民宜居保障和向往美好生活的重要内涵，通过农村每万人养老服务机构数量和农村医疗卫生人员数占比来反映。

第三，乡风文明的"三风"。一是家庭之风，分别通过农村居民平均受教育

---

① 1 亩约等于 0.667 公顷，下同。

年限和每万人文化技术培训教学点数量等来体现；二是民俗之风，主要通过全国文明村占行政村的比重和村社邻居社交频繁程度来反映，是凸显社会主义农村文明进步的重要内容；三是社会之风，主要通过每万人村文化活动场所数量和农村居民人均文化娱乐消费支出来反映社会之风在传统与现代文化中的有效融合。

第四，治理有效的"三治"。一是民主自治，主要通过村委会成员获专科及以上文凭的比例和村支书、村委会主任非一肩挑比例来反映村委会的成员构成情况；二是基层法治，主要通过全国民主法治示范村占行政村的比例和农村居民治安满意度来反映，分别体现乡村治理过程中乡村社会稳定和人民公共安全的内涵；三是社会德治，属于非正式制度与自治相结合的制度安排，也是保障农村社会美好生活的重要体现，通过弱势群体受关照度和村社邻居相互信任度来分别反映。

第五，生活富裕的"三维"。一是农民收入，主要通过农村居民可支配收入和农村人均收入增长率来反映，分别体现农民物质生活水平的静态和动态变化情况；二是收入差距，包括城乡居民收入差距和恩格尔系数两个指标，主要反映城乡居民内部和外部之间的贫富差距状况，凸显区域发展不平衡问题；三是生活品质，包括每百户汽车拥有量和人均年食品消费蛋白质含量，主要反映农村居民的生活质量状况，主动回应农村居民对美好生活的向往。

乡村振兴评价指标体系如表4-1所示。

表4-1　　　　　　　　　　　乡村振兴评价指标体系

一级指标	二级指标	三级指标	单位
产业兴旺（"六化"）	农业效率化	人均农林牧渔业产值	元
		节水灌溉耕地面积占比	%
	农产品品质化	农产品区域公用品牌价值	亿元
	农业机械化	亩均农业机械动力	万千瓦/亩
	农业科技化	研发经费投入/地区生产总值[1]	%
	农民组织化	国家农民专业示范合作社数量	个
		农业产业化国家重点龙头企业数量	个
	农业融合化	农产品加工业规模以上企业主营业务收入	亿元
		中国最美休闲乡村数量	个

表4-1(续)

一级指标	二级指标	三级指标	单位
生态宜居 ("四率")	乡村规划率	已编制村庄规划的行政村占比	%
	道路通达率	人均村庄道路面积	平方米/人
		开通互联网宽带业务行政村占比	%
	生活宜居率	农村卫生厕所普及率	%
		农村自来水供给普及率	%
		农村生活污水处理率	%
		农村生活垃圾处理率	%
	医疗配套率	农村医疗卫生人员数占比	%
		农民每万人养老服务机构数量	%
乡风文明 ("三风")	家庭之风	农村居民平均受教育年限	年
		每万人文化技术培训教学点数量	个
	民俗之风	全国文明村占行政村的比重	%
		村社邻居社交频繁程度[②]	分
	社会之风	每万人村文化活动场所数量	%
		农村居民人均文化娱乐消费支出	%
治理有效 ("三治")	民主自治	村委会成员获专科及以上文凭的比例	%
		村支书、村委会主任非"一肩挑"比例	%
	基层法治	全国民主法治示范村占行政村的比例	%
		农村居民治安满意度[②]	分
	社会德治	弱势群体受关照度[②]	分
		村社邻居相互信任度[②]	分

表4-1(续)

一级指标	二级指标	三级指标	单位
生活富裕("三维")	农民收入	农村居民可支配收入	元
		农村人均收入增长率	%
	收入差距	城乡居民收入差距比	倍
		恩格尔系数	%
	生活品质	每百户汽车拥有量	辆
		人均年食品消费蛋白质含量[③]	千克

备注：①由于缺乏农业研发投入经费的相关数据，因此使用地区研发投入经费对其进行替代；②数据来源于中国综合社会调查（2015）的调查数据，对于部分缺失数据采用平均值进行填补；③人均年食品消费蛋白质含量根据各类食品的单位蛋白质含量，将农村居民主要食品消费量进行总量换算可得。

第三节　测算方法

以下介绍乡村振兴发展各级指数的计算方法。在这套指数体系中，我们称最低一级分项指数为基础指数。每个基础指数的原始数据来自统计数据和微观调查数据，或者在统计和调查数据的基础上计算的结果。我们称这些用于计算基础指数的原始数据为基础指标，共有 36 个。由于不同的统计指标、调查指标之间的度量单位不同，不能用一个统一一个尺度进行横向比较，相互之间缺乏可比性，因此需要按照统一的计算方法将它们转换为一套具有可比性的指数，即对不同基础指标进行标准化处理。具体而言，本书选取的乡村振兴评价指标存在不同的量纲，不适于进行综合评价。本书将采用极差变换法对选取的原始指标进行无量纲

化处理，即通过公式 $z_{ij} = \dfrac{x_{ij} - \min\limits_{i} x_{ij}}{\max\limits_{i} x_{ij} - \min\limits_{i} x_{ij}}$（其中 $i = 1, \cdots, 30$，$j = 1, \cdots, 36$）将指标 x_{ij} 转换为指标 z_{ij}，以此形成规范评价矩阵 $Z = (z_{ij})_{30 \times 36}$。

在具体的评价方法选择上，我们选取有限方案多目标决策分析中较为常用的 TOPSIS 法。TOPSIS 法是一种多属性决策方法，它根据各评价对象与"正理想解"和"负理想解"之间的距离来进行方案的优劣排序，适用于多指标、多评

价对象之间的对比选择，在各个领域的绩效评价中已被广泛采用。在传统 TOPSIS 法的基础上，许多学者进行了改进，包括正负理想点的改进、指标权重的改进和贴近度公式的改进。本书在以往评价研究的基础上建立了更为系统的乡村振兴战略发展指标体系，首先运用层次分析法和熵权法确定组合权重，然后采用改进的基于多指标协调发展的 TOPSIS 多属性决策分析方法对 30 个省份的乡村振兴发展水平进行综合评价和排序。

第四节 乡村振兴评价指标体系的实证分析

一、乡村振兴发展指数得分的整体比较分析

按照各省份的乡村振兴发展水平排名（见表 4-2，图 4-1~图 4-4），2015 年乡村振兴发展指数得分排名前 10 位的依次是北京、上海、浙江、山东、江苏、天津、福建、新疆、广东和海南，除新疆外，其他 9 个省份全是东部地区省份。排名 11~20 位的 10 个省份中，有 1 个东部地区省份（河北）、4 个中部地区省份（江西、湖北、河南、湖南）、3 个西部地区省份（四川、重庆、陕西）和 2 个东北地区省份（黑龙江、辽宁）。排名在后 10 位的省份中，除安徽、吉林和山西外，其余都是西部地区省份。总体而言，东部地区、中部地区、东北地区和西部地区[1]的乡村振兴发展指数得分均值呈依次递减态势，分别为 0.399、0.253、0.251 和 0.237。这说明我国的乡村振兴发展，仍然呈现出较大的地域差异。

---

[1] 对于东中西部和东北地区的划分依据来源于国家统计局。东部地区包括北京、天津、河北、上海、江苏、浙江、福建和山东；中部地区包括山西、安徽、江西、河南、湖北和湖南；西部地区包括内蒙古、广西、重庆、四川、贵州、河南、西藏、陕西、甘肃、青海、宁夏和新疆；东北地区包括辽宁、吉林和黑龙江。（http://www.stats.gov.cn/tjsj/zxfb/201405/t20140527_558611.html）。

表 4-2　　　　　　　　　　乡村振兴发展指数得分排名

省份	指数得分	全国排名	地区	分区排名
北京	0.571	1	东部地区	1
上海	0.536	2	东部地区	2
浙江	0.462	3	东部地区	3
山东	0.447	4	东部地区	4
江苏	0.418	5	东部地区	5
天津	0.408	6	东部地区	6
福建	0.320	7	东部地区	7
新疆	0.319	8	西部地区	1
广东	0.280	9	东部地区	8
海南	0.279	10	东部地区	9
四川	0.274	11	西部地区	2
江西	0.270	12	中部地区	1
河北	0.269	13	东部地区	10
黑龙江	0.268	14	东北地区	1
湖北	0.265	15	中部地区	2
河南	0.264	16	中部地区	3
辽宁	0.261	17	东北地区	2
重庆	0.260	18	西部地区	3
陕西	0.259	19	西部地区	4
湖南	0.255	20	中部地区	4
内蒙古	0.255	21	西部地区	5
安徽	0.254	22	中部地区	5
宁夏	0.246	23	西部地区	6
广西	0.225	24	西部地区	7
吉林	0.224	25	东北地区	3
山西	0.210	26	中部地区	6

表4-2(续)

省份	指数得分	全国排名	地区	分区排名
青海	0.204	27	西部地区	8
云南	0.202	28	西部地区	9
甘肃	0.193	29	西部地区	10
贵州	0.168	30	西部地区	11

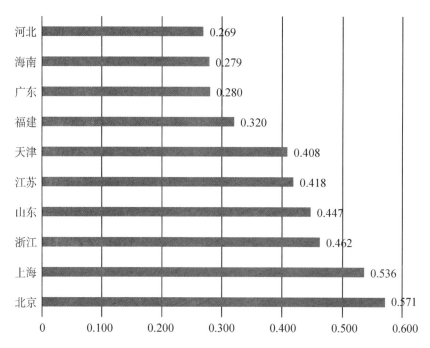

图4-1 东部地区乡村振兴发展指数得分排名

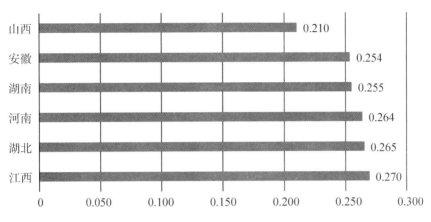

图 4-2　中部地区乡村振兴发展指数得分排名

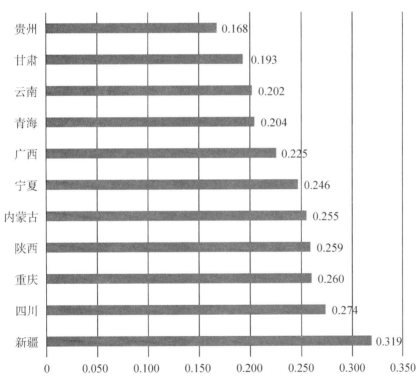

图 4-3　西部地区乡村振兴发展指数得分排名

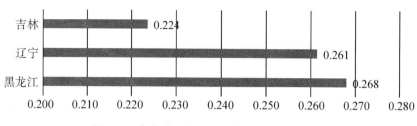

图 4-4　东北地区乡村振兴发展指数得分排名

乡村振兴发展水平存在区域性差异，与我国国民经济发展的梯度差异一致。地区社会经济发展较好的经济强省得分往往较高，如北京、上海和浙江等，而传统农业大省的乡村振兴发展指数得分均值不高，并且多数处于中等发展水平。通过分别绘制 2015 年 30 个省份乡村振兴发展指数得分与人均地区生产总值、人均农林牧渔产值的散点图可以发现（见图 4-5 和图 4-6），乡村振兴发展指数得分与人均地区生产总值间的趋势线向右上方倾斜，呈现出明显的正向相关关系，说明人均地区生产总值越高的省份，在乡村振兴发展指数上的得分越高。然而，乡村振兴发展指数得分与人均农林牧渔产值间并未呈现出显著的相关关系。这表明，乡村振兴发展较好的省份不一定是农业大省，但经济强省往往在乡村振兴发展方面能够取得较好的成绩。城市作为区域发展极核，对乡村振兴发挥着重要的带动效应，从而在实施乡村振兴战略的过程中也需将其纳入施策范围。

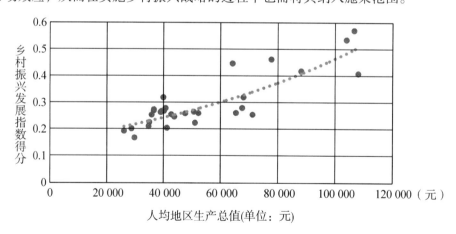

图 4-5　2015 年 30 个省份人均地区生产总值与乡村振兴发展指数得分间的关系

为进一步观察我国乡村振兴发展的区域分布特征，本书采用多元统计聚类方

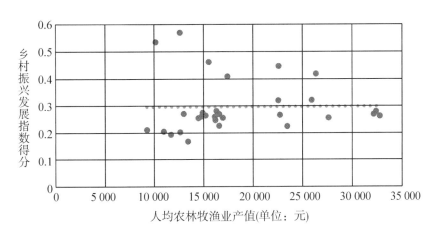

图 4-6 2015 年 30 个省份人均农林牧渔业产值与乡村振兴发展指数得分间的关系

法，对 30 个省份的乡村振兴发展指数得分进行聚类分析，聚类结果如表 4-3 所示。30 个省份的乡村振兴发展水平大致可以分为 4 个梯队。其中，第一梯队包括北京、上海；第二梯队包括浙江、山东、江苏、天津；第三梯队包括福建、新疆、广东、海南、四川、江西、河北、黑龙江、湖北、河南、辽宁、重庆、陕西、湖南、内蒙古、安徽、宁夏，较为均衡地分布在我国东中西部地区和东北地区；第四梯队包括广西、吉林、山西、青海、云南、甘肃、贵州，大多位于我国西部地区。可以看出，第三梯队内部在指数得分差距上并不显著，并且所占省份数量较大，在一定程度上能够代表我国乡村振兴的整体发展情况。

表 4-3　　　　　　　　　乡村振兴发展指数得分聚类结果

第一类	北京、上海
第二类	浙江、山东、江苏、天津
第三类	福建、新疆、广东、海南、四川、江西、河北、黑龙江、湖北、河南、辽宁、重庆、陕西、湖南、内蒙古、安徽、宁夏
第四类	广西、吉林、山西、青海、云南、甘肃、贵州

就理论而言，若我国各省份的乡村振兴发展水平较为均衡，30 个省份的乡村振兴发展指数得分应呈现出平缓的变化趋势。但是，结合发展梯队划分和各省份乡村振兴发展指数得分情况（见图 4-7），我国并未呈现出平缓的变化趋势，而是在第一梯队向第二梯队、第二梯队向第三梯队进行过渡时，出现了"断崖

式"过渡现象。第一梯队的末位得分省份（0.536）高于第二梯队的首位得分省份（0.462）的分值达0.074，第二梯队的末位得分省份（0.408）高于第三梯队的首位得分省份（0.320）的分值达0.088。这表明，我国乡村振兴存在发展不平衡的问题，以第一梯队和第二梯队为主的乡村振兴发展水平较好的6个省份，其发展优势不仅在相对水平上，并且在绝对水平上远远领先于其他24个省份。

进一步地，30个省份的乡村振兴发展指数得分的平均值为0.296，仅8个省份的得分超过平均值，并且得分排名第7位、第8位的福建和新疆，在得分上远远落后于前6个省份。这说明，30个省份乡村振兴指数得分均值的提升主要是依靠得分排名前6个省份，即第一梯队和第二梯队的省份，而其他24个省份不论排名先后均处于发展相对滞后的阶段。其中，乡村振兴发展指数得分最高的北京市，是得分相对最低省份的3.4倍。这表明，我国乡村振兴存在发展不充分的问题，就整体水平而言并不理想。

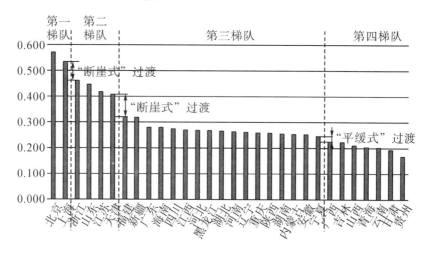

图4-7　乡村振兴发展指数得分

二、乡村振兴发展分项指数的整体比较分析

下面将从产业兴旺、生态宜居、乡风文明、治理有效和生活富裕五个方面，分别测算30个省份乡村振兴发展分项指标的得分及排名，评价各省份在乡村振兴发展中的竞争优势和劣势。

1. 分项发展指数的整体评价

就整体而言，东部地区各分项发展水平均高于中西部地区和东北地区。从图 4-8 可以看出，30 个省份的乡村振兴发展，不论是总体水平，还是各分项发展水平，都与地区社会经济发展水平具有一定的正向相关关系，进一步突显了城市经济对乡村振兴发挥的重要带动效应。需指出的是，由于部分地区的社会经济发展水平相对滞后，可能存在城市带动能力不足的问题。因此，在全国范围内同步推进乡村振兴战略，不仅需要各级党委和政府根据自身发展条件制订合理的实施方案，还需要各类优惠政策和财政资金持续向经济发展相对滞后的地区进行倾斜。

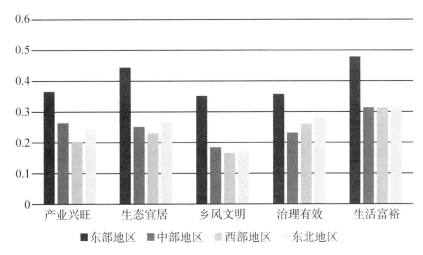

图 4-8 乡村振兴分项发展指数得分均值的区域比较

根据前面对 30 个省份乡村振兴发展指数得分的聚类结果，将四大梯队的各分项发展指数得分均值用雷达图形式表示出来。如图 4-9 所示，除第二梯队的产业兴旺和生活富裕分项得分均值大于第一梯队之外，其余分项得分均值均表现出第一梯队到第四梯队依次递减的发展特征。这表明，实现振兴的乡村即使不是"全优生"，也不能是"偏科生"，在产业发展、收入水平、生态环境、乡村治理和乡风民风等方面都需满足一定的基础条件。特别地，对发展相对滞后的省份而言，要从整体层面提高乡村振兴发展水平，实现发展梯队的向上跃升，仍需在各个方面下"硬功夫"。

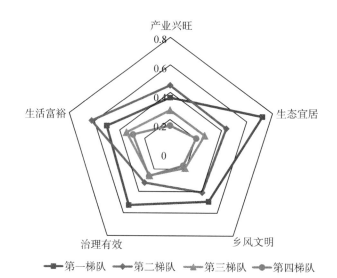

图 4-9　不同梯队省份乡村振兴的分项发展差异

从各分项发展指数之间的相关系数看（见表 4-4），各分项发展指数之间相关程度较高，并且均表现为正向相关关系，进一步为"'二十字'方针是一个有机而不可拆分的整体"的论述提供了实证支撑。在分项发展指数中，生态宜居指数、生活富裕指数与其他分项发展指数均具有显著的关联程度。其中，生态宜居指数与产业兴旺指数、生活富裕指数间的相关系数分别为 0.577、0.603，而与乡风文明指数、治理有效间指数的相关程度较高，分别高达 0.776、0.739。生活富裕指数与产业兴旺指数、治理有效指数间的相关系数分别为 0.502、0.356，而与生态宜居指数、乡风文明指数间的相关程度较高，分别高达 0.603 和 0.641。

表 4-4　　　　　　　　30 个省份分项发展指数之间的相关系数

	产业兴旺	生态宜居	乡风文明	治理有效	生活富裕
产业兴旺	1				
生态宜居	0.577 ***	1			
乡风文明	0.381 **	0.776 ***	1		
治理有效	0.076	0.739 ***	0.653 ***	1	
生活富裕	0.502 ***	0.603 ***	0.641 ***	0.356 *	1

注：***，**，*分别表示在1%、5%和10%的显著性水平上显著。

2. 产业兴旺指数

产业兴旺指数由农业效率化、农产品品质化、农业机械化、农民组织化、农业科技化和农业融合化6个分项指数组成。按照各省份的产业兴旺发展水平排名（见表4-5和图4-10~图4-13），2015年产业兴旺指数得分排名前10位的省份依次是山东、江苏、北京、浙江、福建、河南、新疆、河北、天津和安徽，除河南、新疆和安徽外，其他7个省份全是东部地区省份。排名11~20位的10个省份中，有2个东部地区省份（上海、广东）、3个中部地区省份（江西、湖南、湖北）、3个西部地区省份（四川、陕西、内蒙古）和2个东北地区省份（辽宁、黑龙江）。排名在后面10位的省份中，除海南、吉林和山西外，都是西部地区省份。同时，该指数表现出显著的区域性差异，东部地区的得分均值为0.367，远远领先于其他地区，而中部地区、东北地区和西部地区的得分均值呈依次递减趋势，分别为0.264、0.241和0.203。

表4-5 30个省份乡村产业兴旺指数得分

省份	指数得分	全国排名	地区	分区排名
山东	0.634	1	东部地区	1
江苏	0.442	2	东部地区	2
北京	0.440	3	东部地区	3
浙江	0.440	4	东部地区	4
福建	0.338	5	东部地区	5
河南	0.337	6	中部地区	1
新疆	0.334	7	西部地区	1
河北	0.320	8	东部地区	6
天津	0.294	9	东部地区	7
安徽	0.289	10	中部地区	2
四川	0.284	11	西部地区	2
上海	0.283	12	东部地区	8
辽宁	0.278	13	东北地区	1
江西	0.276	14	中部地区	3
湖南	0.272	15	中部地区	4
陕西	0.266	16	西部地区	3
黑龙江	0.266	17	东北地区	2

表4-5(续)

省份	指数得分	全国排名	地区	分区排名
内蒙古	0.254	18	西部地区	4
湖北	0.254	19	中部地区	5
广东	0.253	20	东部地区	9
海南	0.221	21	东部地区	10
甘肃	0.210	22	西部地区	5
重庆	0.201	23	西部地区	6
吉林	0.179	24	东北地区	3
广西	0.176	25	西部地区	7
山西	0.154	26	中部地区	6
云南	0.132	27	西部地区	8
宁夏	0.132	28	西部地区	9
青海	0.124	29	西部地区	10
贵州	0.123	30	西部地区	11

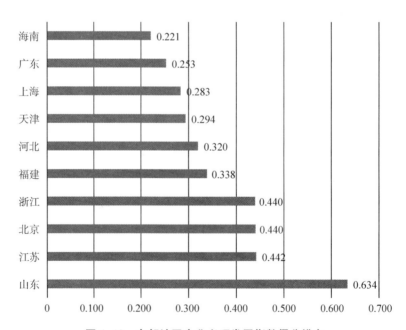

图4-10 东部地区产业兴旺发展指数得分排名

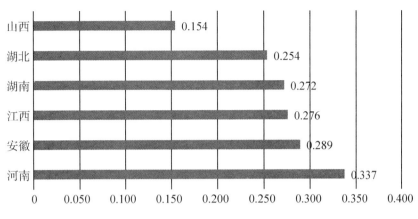

图 4-11 中部地区产业兴旺发展指数得分排名

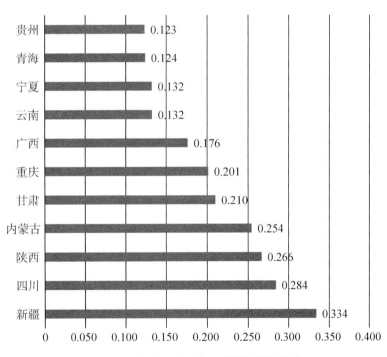

图 4-12 西部地区产业兴旺发展指数得分排名

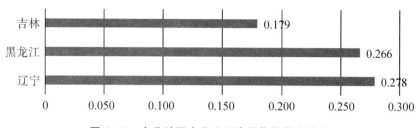

图4-13　东北地区产业兴旺发展指数得分排名

3. 生态宜居指数

生态宜居指数由乡村规划率、道路通达率、生活宜居率和医疗配套率4个分项指数组成。按照各省份的生态宜居发展水平排名，2015年生态宜居指数得分排名前10位的省份依次是上海、北京、浙江、江苏、山东、天津、福建、新疆、海南和广东，除新疆外，其他9个省份全是东部地区省份。排名11~20位的省份中，有3个中部地区省份（江西、湖北、安徽）、4个西部地区省份（四川、宁夏、广西、内蒙古）和3个东北地区省份（黑龙江、辽宁、吉林）。排名在后面10位的省份中，有1个东部地区省份（河北）、3个中部地区省份（湖南、河南、山西）、6个西部地区省份（重庆、青海、甘肃、陕西、云南、贵州）。同时，该指数也表现出显著的区域性差异，东部地区的得分均值为0.444，远远领先于其他地区，而东北地区、中部地区和西部地区的得分均值呈依次递减趋势，分别为0.265、0.251和0.230。

表4-6　　　　　　　　　30个省份乡村生态宜居指数得分

省份	指数得分	全国排名	地区	分区排名
上海	0.751	1	东部地区	1
北京	0.695	2	东部地区	2
浙江	0.492	3	东部地区	3
江苏	0.458	4	东部地区	4
山东	0.433	5	东部地区	5
天津	0.381	6	东部地区	6
福建	0.368	7	东部地区	7
新疆	0.362	8	西部地区	1

表4-6（续）

省份	指数得分	全国排名	地区	分区排名
海南	0.344	9	东部地区	8
广东	0.336	10	东部地区	9
江西	0.322	11	中部地区	1
湖北	0.314	12	中部地区	2
黑龙江	0.302	13	东北地区	1
四川	0.298	14	西部地区	2
宁夏	0.269	15	西部地区	3
广西	0.265	16	西部地区	4
辽宁	0.256	17	东北地区	2
安徽	0.244	18	中部地区	3
吉林	0.236	19	东北地区	3
内蒙古	0.213	20	西部地区	5
重庆	0.211	21	西部地区	6
湖南	0.211	22	中部地区	4
河南	0.208	23	中部地区	5
山西	0.207	24	中部地区	6
青海	0.193	25	西部地区	7
甘肃	0.192	26	西部地区	8
河北	0.185	27	东部地区	10
陕西	0.184	28	西部地区	9
云南	0.180	29	西部地区	10
贵州	0.160	30	西部地区	11

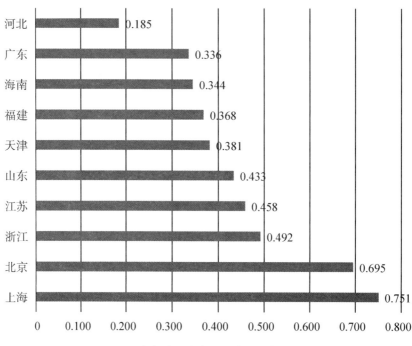

图4-14 东部地区生态宜居发展指数得分排名

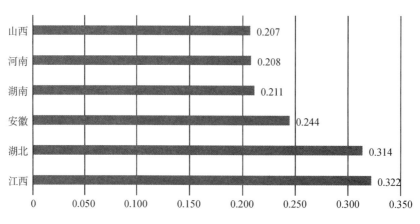

图4-15 中部地区生态宜居发展指数得分排名

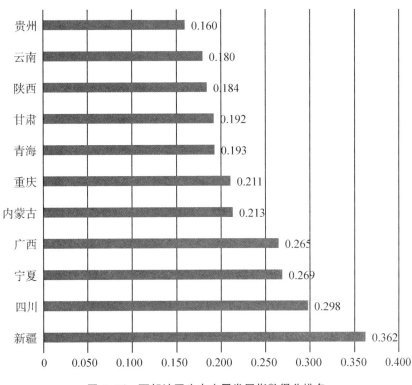

图 4-16 西部地区生态宜居发展指数得分排名

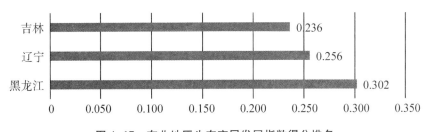

图 4-17 东北地区生态宜居发展指数得分排名

4. 乡风文明指数

乡风文明指数由家庭之风、民俗之风和社会之风 3 个分项指数组成。按照各省份的乡风文明发展水平排名（见表 4-7 和图 4-18~图 4-21），2015 年乡风文明指数得分排名前 10 位的省份依次是北京、上海、浙江、天津、江苏、陕西、山西、重庆、湖南和海南，除陕西、山西、重庆和湖南外，其他 6 个省份全是东部地区省份。排名 11~20 位的 10 个省份中，有 4 个东部地区省份（福建、河北、山东和广东）、1 个中部地区省份（湖北）、3 个西部地区省份（云南、宁夏和内蒙古）和 2 个东北地区省份（辽宁、吉林）。排名在后面 10 位的省份中，有 3 个中部地区省份（河南、江西、安徽）、6 个西部地区省份（四川、贵州、新疆、广西、青海、甘肃）和 1 个东北地区省份（黑龙江）。同时，该指数表现出显著的区域性差异，东部地区的得分均值为 0.352，远远领先于其他地区，而中部地区、西部地区和东北地区的得分均值呈依次递减趋势，分别为 0.185、0.180 和 0.171。

表 4-7　　　　　　　　30 个省份乡村乡风文明指数得分

省份	指数得分	全国排名	地区	分区排名
北京	0.742	1	东部地区	1
上海	0.554	2	东部地区	2
浙江	0.468	3	东部地区	3
天津	0.414	4	东部地区	4
江苏	0.353	5	东部地区	5
陕西	0.319	6	西部地区	1
山西	0.264	7	中部地区	1
重庆	0.260	8	西部地区	2
湖南	0.246	9	中部地区	2
海南	0.246	10	东部地区	6
云南	0.227	11	西部地区	3
福建	0.201	12	东部地区	7
宁夏	0.196	13	西部地区	4
内蒙古	0.193	14	西部地区	5
河北	0.190	15	东部地区	8
辽宁	0.185	16	东北地区	1
山东	0.183	17	东部地区	9
吉林	0.171	18	东北地区	2
广东	0.170	19	东部地区	10
湖北	0.164	20	中部地区	3

表4-7（续）

省份	指数得分	全国排名	地区	分区排名
河南	0.163	21	中部地区	4
四川	0.158	22	西部地区	6
黑龙江	0.156	23	东北地区	3
贵州	0.150	24	西部地区	7
新疆	0.145	25	西部地区	8
江西	0.140	26	中部地区	5
安徽	0.130	27	中部地区	6
广西	0.114	28	西部地区	9
青海	0.112	29	西部地区	10
甘肃	0.108	30	西部地区	11

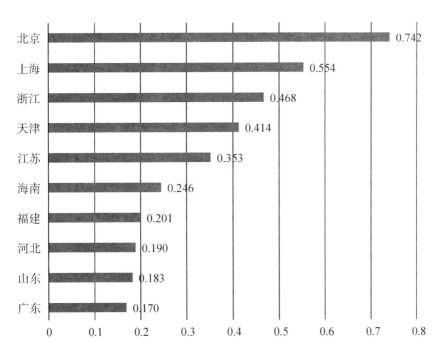

图4-18　东部地区乡风文明发展指数得分排名

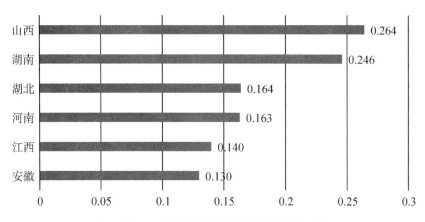

图 4-19　中部地区乡风文明发展指数得分排名

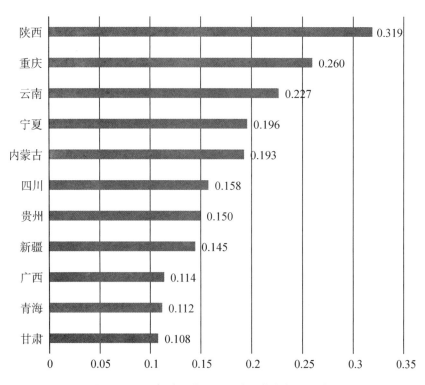

图 4-20　西部地区乡风文明发展指数得分排名

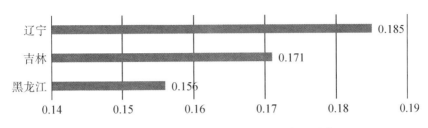

图 4-21　东北地区乡风文明发展指数得分排名

5. 治理有效指数

治理有效指数由民主自治、基层法治、社会德治 3 个分项指数组成。按照各省份的治理有效发展水平排名（见表 4-8 和图 4-22～图 4-25），2015 年治理有效指数得分排名前 10 位的省份依次是上海、北京、宁夏、天津、海南、新疆、江苏、黑龙江、重庆和青海，其中 5 个东部地区省份、4 个西部地区省份和 1 个东北地区省份。排名 11～20 位的 10 个省份中，有 2 个东部地区省份（浙江、福建）、3 个中部地区省份（河南、江西、安徽）、4 个西部地区省份（云南、陕西、广西和内蒙古）和 1 个东北地区省份（辽宁）。排名在后面 10 位的省份中，有 3 个东部地区省份（河北、山东、广东）、3 个中部地区省份（湖北、山西、湖南）、3 个西部地区省份（甘肃、四川、贵州）和 1 个东北地区省份（吉林）。较之其他分项而言，治理有效指数呈现出的区域性差异并不显著。东部地区的得分均值为 0.358，远远领先于其他地区。东北地区、西部地区和中部地区的得分均值仍呈依次递减趋势，分别为 0.280、0.273 和 0.232，但得分均值差距并不大。

表 4-8　　　　　　　　　30 省乡村治理有效指数得分

省份	指数得分	全国排名	地区	分区排名
上海	0.860	1	东部地区	1
北京	0.490	2	东部地区	2
宁夏	0.409	3	西部地区	1
天津	0.391	4	东部地区	3
海南	0.352	5	东部地区	4
新疆	0.333	6	西部地区	2

表4-8(续)

省份	指数得分	全国排名	地区	分区排名
江苏	0.325	7	东部地区	5
黑龙江	0.316	8	东北地区	1
重庆	0.302	9	西部地区	3
青海	0.297	10	西部地区	4
辽宁	0.287	11	东北地区	2
云南	0.271	12	西部地区	5
陕西	0.259	13	西部地区	6
广西	0.256	14	西部地区	7
浙江	0.253	15	东部地区	6
河南	0.250	16	中部地区	1
江西	0.243	17	中部地区	2
福建	0.242	18	东部地区	7
安徽	0.241	19	中部地区	3
内蒙古	0.238	20	西部地区	8
河北	0.236	21	东部地区	8
吉林	0.236	22	东北地区	3
甘肃	0.232	23	西部地区	9
湖北	0.231	24	中部地区	4
山东	0.230	25	东部地区	9
山西	0.225	26	中部地区	5
四川	0.216	27	西部地区	10
湖南	0.199	28	中部地区	6
广东	0.198	29	东部地区	10
贵州	0.194	30	西部地区	11

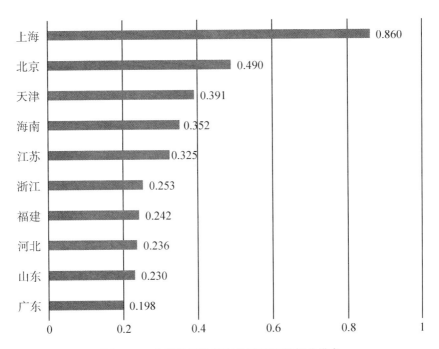

图4-22 东部地区治理有效发展指数得分排名

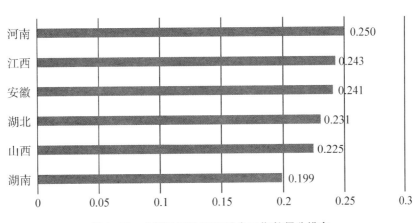

图4-23 中部地区治理有效发展指数得分排名

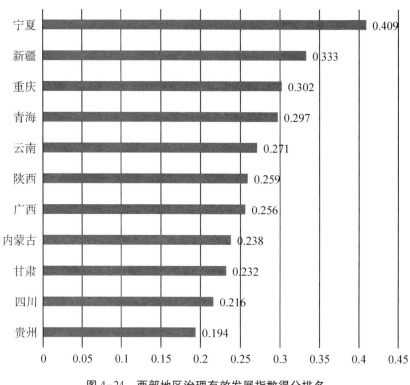

图4-24　西部地区治理有效发展指数得分排名

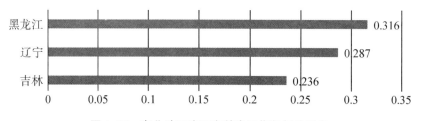

图4-25　东北地区治理有效发展指数得分排名

6. 生活富裕指数

　　生活富裕指数由农民收入、收入差距、生活品质3个分项指数组成。按照各省份的生活富裕发展水平排名（见表4-9和图4-26~图4-29），2015年生活富裕指数得分排名前10位的省份依次是天津、浙江、北京、上海、江苏、内蒙古、山东、河北、福建和广东，除内蒙古外，其他9个省份全是东部地区省份。排名11~20位的10个省份中，有4个中部地区省份（湖南、安徽、湖北、江西）、

5 个西部地区省份（重庆、四川、青海、新疆、宁夏）和 1 个东北地区省份（吉林）。排名在后面 10 位的省份中，有 1 个东部地区省份（海南）、2 个中部地区省份（河南、山西）、5 个西部地区省份（广西、云南、陕西、贵州、甘肃）和 2 个东北地区省份（辽宁、黑龙江）。特别地，东部地区省份凭借整体较好的社会经济发展基础，在生活富裕指数上取得了显著的发展优势，得分均值为 0.479，若仅以收入水平作为衡量标准，东部地区省份更是遥遥领先。此外，东北地区、中部地区和西部地区的得分均值则未表现出显著差异，分别为 0.317、0.314 和 0.326。这表明，乡村振兴各分项发展指数中，生活富裕指数的发展更为平衡。

表 4-9　　　　　　　　　　30 省乡村生活富裕指数得分

省份	指数得分	全国排名	地区	分区排名
天津	0.771	1	东部地区	1
浙江	0.632	2	东部地区	2
北京	0.566	3	东部地区	3
上海	0.488	4	东部地区	4
江苏	0.448	5	东部地区	5
内蒙古	0.444	6	西部地区	1
山东	0.439	7	东部地区	6
河北	0.414	8	东部地区	7
福建	0.392	9	东部地区	8
广东	0.389	10	东部地区	9
重庆	0.388	11	西部地区	2
四川	0.371	12	西部地区	3
青海	0.366	13	西部地区	4
吉林	0.358	14	东北地区	1
湖南	0.353	15	中部地区	1
安徽	0.347	16	中部地区	2
湖北	0.344	17	中部地区	3
新疆	0.343	18	西部地区	5
宁夏	0.331	19	西部地区	6
江西	0.327	20	中部地区	4

表4-9（续）

省份	指数得分	全国排名	地区	分区排名
广西	0.319	21	西部地区	7
辽宁	0.309	22	东北地区	2
河南	0.294	23	中部地区	5
黑龙江	0.284	24	东北地区	3
云南	0.277	25	西部地区	8
陕西	0.269	26	西部地区	9
贵州	0.256	27	西部地区	10
海南	0.246	28	东部地区	10
山西	0.221	29	中部地区	6
甘肃	0.217	30	西部地区	11

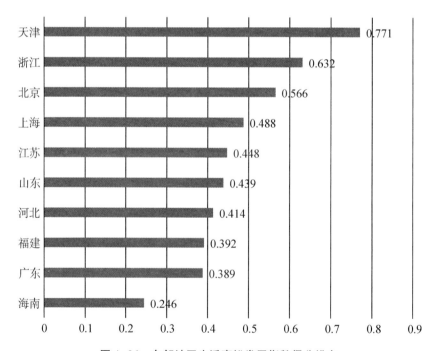

图4-26　东部地区生活富裕发展指数得分排名

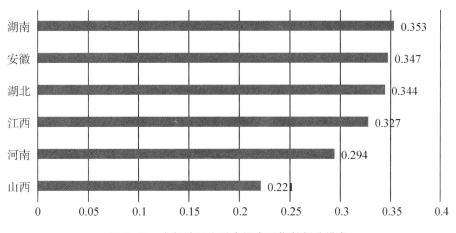

图4-27 中部地区生活富裕发展指数得分排名

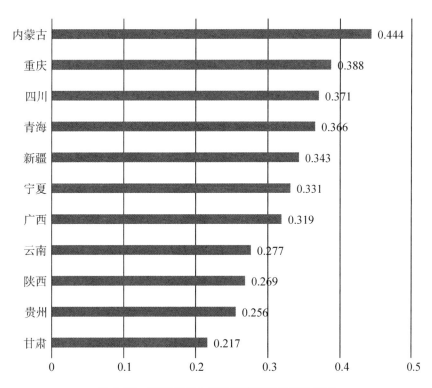

图4-28 西部地区生活富裕发展指数得分排名

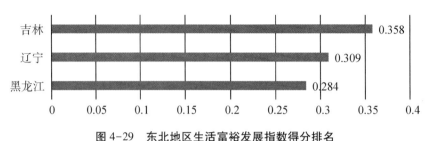

图4-29 东北地区生活富裕发展指数得分排名

三、乡村振兴发展指数的区域比较分析

下面按照区域划分，分别比较东部地区、中部地区、西部地区和东北地区省份的乡村振兴发展指数得分。为更加直观地展示区域内部的发展差异，本书以地区划分为基础，对各省的发展指数得分进行标准化处理。例如，北京的乡村振兴发展指数得分为0.571，而其所在东部地区的得分均值为0.399，取离均差0.172对其进行赋值；北京的产业兴旺指数得分为0.440，而其所在东部地区的得分均值为0.367，取离均差0.073对其进行赋值。

1. 东部地区

就乡村振兴发展指数而言，东部地区的得分均值为0.399，位列四大地区之首。在东部地区10个省份中，有6个省份的指数得分超过了均值，分别为北京、山东、浙江、山东、江苏和天津。其他东部地区的省份均处于相对落后，其中河北的落后程度相对较大。就产业兴旺发展指数而言，即使在发展领先的东部地区，山东表现出的绝对优势仍然非常明显，浙江、北京、江苏3个省份略高于地区平均水平，而其他省份的发展相对滞后。就生态宜居发展指数而言，北京和上海作为两个发展标杆，在东部地区甚至是全国，都远远领先于其他省份，除浙江和江苏能够达到或接近地区平均值外，其他省份均处于发展相对落后状态。就乡风文明发展指数而言，北京、浙江、天津和上海的得分超过了地区平均得分，江苏基本与地区平均得分持平，而山东、河北、海南、广东和福建的得分均低于地区平均得分。就治理有效发展指数而言，上海呈一家独大的发展态势，极大地提高了地区平均得分，以至于仅天津、北京的得分略高于地区平均得分，其他省份的离差均为负。就生活富裕发展指数而言，北京、浙江、天津和上海的得分超过了地区平均得分，而其他省份的得分均低于地区平均得分（见图4-30~图4-35）。

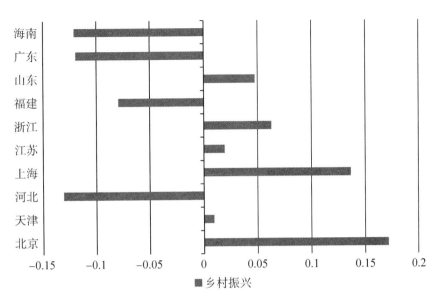

图 4-30　东部地区乡村振兴发展指数的得分离差

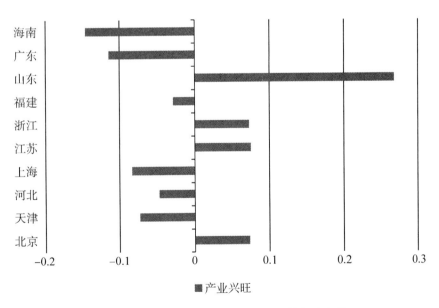

图 4-31　东部地区产业兴旺发展指数的得分离差

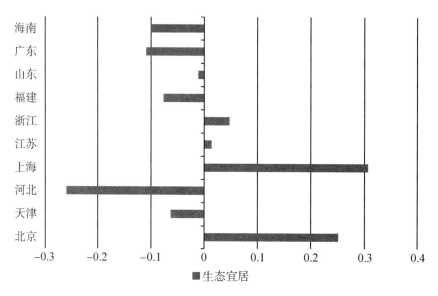

图 4-32　东部地区生态宜居发展指数的得分离差

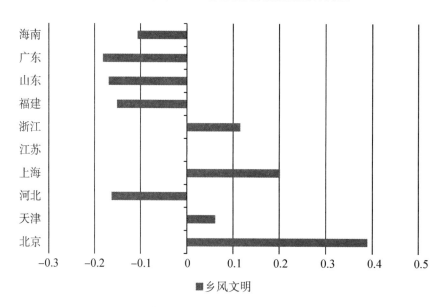

图 4-33　东部地区乡风文明发展指数的得分离差

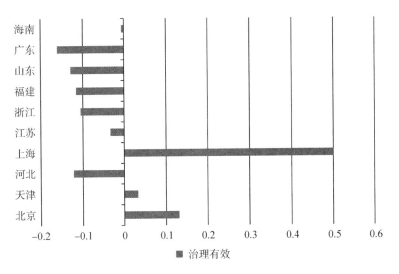

图 4-34 东部地区治理有效发展指数的得分离差

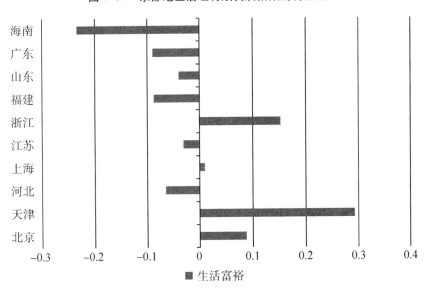

图 4-35 东部地区生活富裕发展指数的得分离差

2. 中部地区

就乡村振兴发展指数而言，中部地区的得分均值为 0.253，位列四大地区次席。在中部地区 6 个省份中，湖北、河南和江西的得分超过了地区平均得分，湖南和安徽基本与地区平均得分持平，而山西的得分远低于地区平均得分。就产业兴旺发展指数而言，山西在一定程度上较大地拉低了中部地区的产业兴旺发展指数得分平均值，除湖北略低于地区平均得分外，其他省份均高于地区平均得分。就生态宜居发展指数而言，江西、湖北的得分超过了地区平均得分，而河南、山西、湖南和安徽的得分均低于地区平均得分。就乡风文明发展指数而言，山西和湖南共同拉高了中部地区的乡风文明指数得分，而其他省份均在一定程度上低于地区平均得分。就治理有效发展指数而言，江西、河南和安徽的得分超过了地区平均得分，湖北基本与地区平均得分持平，而山西和湖南的得分均低于地区平均得分，其中湖南较大地拉低了中部地区的治理有效发展指数得分平均值。就生活富裕发展指数而言，江西、湖南、湖北和安徽的得分超过了地区平均得分，而其他省份的得分均低于地区平均得分（见图4-36~图4-41）。

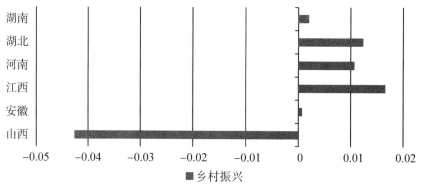

图4-36　中部地区乡村振兴发展指数的得分离差

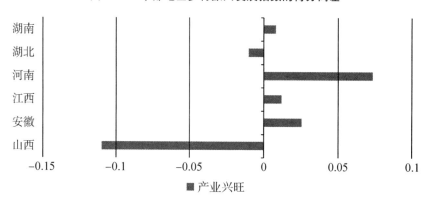

图4-37　中部地区产业兴旺发展指数的得分离差

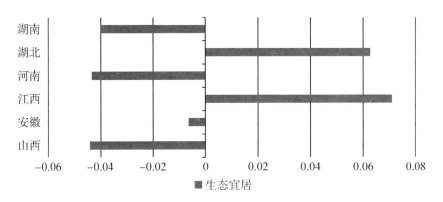

图 4-38　中部地区生态宜居发展指数的得分离差

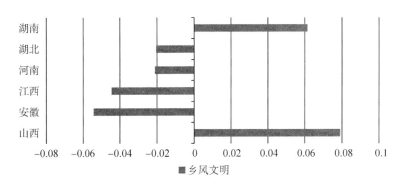

图 4-39　中部地区乡风文明发展指数的得分离差

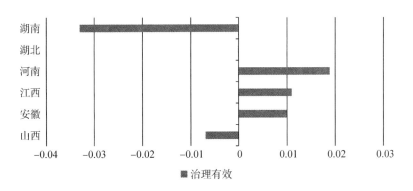

图 4-40　中部地区治理有效发展指数的得分离差

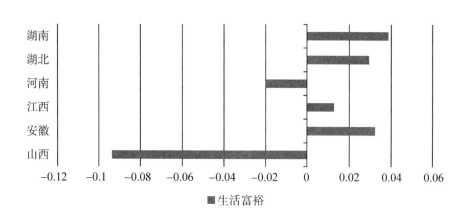

图 4-41　中部地区生活富裕发展指数的得分离差

3. 西部地区

就乡村振兴发展指数而言，西部地区的得分均值为 0.237。在西部地区 11 个省份中，有 6 个省份的指数得分超过了均值，分别为新疆、四川、内蒙古、重庆、陕西和宁夏，其他西部地区的省份均处于相对落后的境地。就产业兴旺发展指数而言，新疆、甘肃、陕西、四川和内蒙古的得分超过了地区平均得分，其中新疆、四川的得分领先较多，而宁夏、青海、云南、贵州、重庆、广西的得分均低于地区平均得分。就生态宜居发展指数而言，新疆在西部地区处于绝对领先地位，宁夏、四川和广西的得分高于地区平均得分，而其他省份低于地区平均得分。就乡风文明发展指数而言，陕西、重庆、云南、宁夏和内蒙古的得分超过了地区平均得分，而新疆、四川、青海、贵州、广西和甘肃的得分均低于地区平均得分。就治理有效发展指数而言，宁夏在西部地区处于绝对领先地位，重庆、新疆和青海的得分高于地区平均得分，而其他省份低于地区平均得分。就生活富裕发展指数而言，重庆、新疆、四川、青海、宁夏和内蒙古的得分超过了地区平均得分，而其他省份的得分均低于地区平均得分（见图 4-42～图 4-47）。

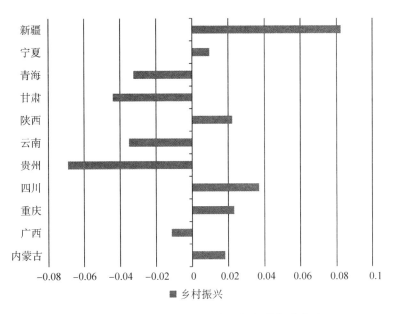

图 4-42 西部地区乡村振兴发展指数的得分离差

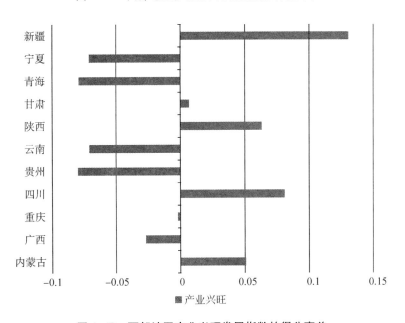

图 4-43 西部地区产业兴旺发展指数的得分离差

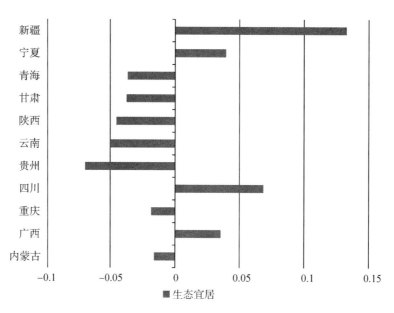

图 4-44　西部地区生态宜居发展指数的得分离差

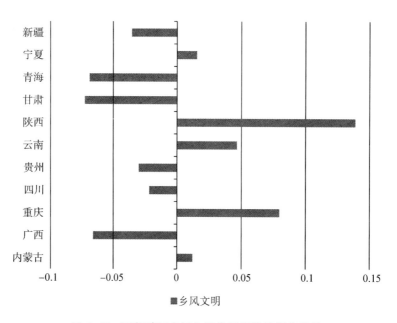

图 4-45　西部地区乡风文明发展指数的得分离差

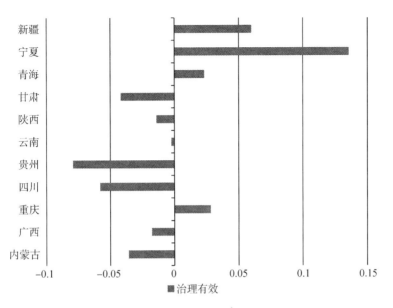

图 4-46　西部地区治理有效发展指数的得分离差

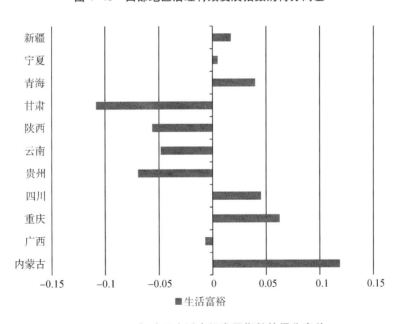

图 4-47　西部地区生活富裕发展指数的得分离差

4. 东北地区

就乡村振兴发展指数而言，东北地区的得分均值为 0.251。在东北地区 3 个省份中，黑龙江和辽宁 2 个省份的指数得分超过了得分均值，而处于第四梯队的吉林落后于得分均值。就产业兴旺发展指数而言，仅吉林处于相对滞后状态，降低了东北地区的指数得分均值。就生态宜居发展指数而言，黑龙江在东北地区处于绝对领先地位，其他 2 个省份均落后于地区平均水平。就乡风文明发展指数而言，辽宁的得分超过了地区平均得分，吉林与地区平均得分基本持平，而黑龙江低于地区平均得分。就治理有效发展指数而言，仅吉林处于相对滞后状态，降低了东北地区的指数得分均值。就生活富裕发展指数而言，吉林在东北地区处于绝对领先地位，其他 2 个省份均落后于地区平均水平（见图 4-48~图 4-53）。

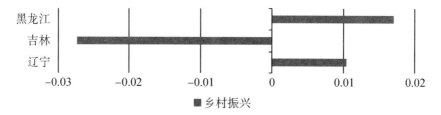

图 4-48　东北地区乡村振兴发展指数的得分离差

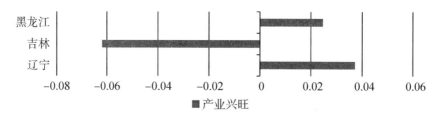

图 4-49　东北地区产业兴旺发展指数的得分离差

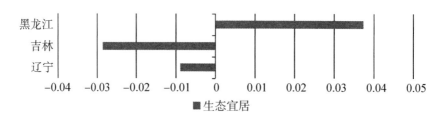

图 4-50　东北地区生态宜居发展指数的得分离差

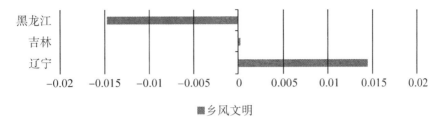

图 4-51　东北地区乡风文明发展指数的得分离差

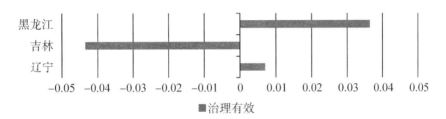

图 4-52　东北地区治理有效发展指数的得分离差

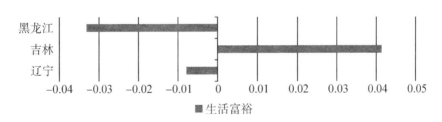

图 4-53　东北地区生活富裕发展指数的得分离差

四、乡村振兴发展指数的实例应用——以四川为例

为了详细说明各省份乡村振兴发展进展情况，我们以四川为例，并选择与四川发展水平相近的江苏、浙江和河南作为对标省份，详细列出 4 个省份在乡村振兴发展各方面的指数及排序，并在图表中将 4 个省份的细化指标进行比较。为便

于读者进行比较，我们采用标准化处理①后的细化指标进行比较，取值均介于 0~1之间。

我们将4个省份的各分项发展指数得分用雷达图形式表示出来。如图4-54 所示，四川的各分项发展指数得分均低于江苏、浙江，而较之河南的优势也并不 明显。其中，江苏的表现更加全面，在每个分项均能远高于四川，而浙江的表现 更具特点，在生活富裕和乡风文明方面具有绝对领先优势。这说明，四川在乡村 振兴发展方面与第二梯队省份存在明显的差距，若想实现发展梯队的向上跃升， 不仅需要像浙江一样，发挥自身在产业兴旺、生活富裕等方面的优势，还要像江 苏一样，尽量补足在乡风文明、生态宜居等方面的劣势，进而实现乡村振兴的全 面发展。

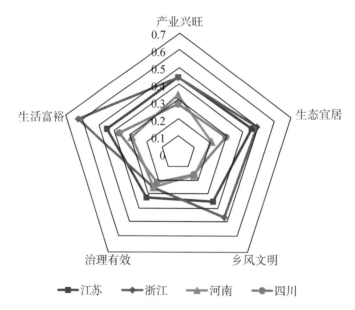

图4-54　四川与对标省份乡村振兴的分项发展差异

---

① 本书采用极差变换法对选取的原始指标进行无量纲化处理，即通过公式 $z_i = \dfrac{x_i - \min\limits_i x_i}{\max\limits_i x_i - \min\limits_i x_i}$（其中 $i=1,\cdots,30$）将指标 x_i 转换为指标 z_i。同时，本书选取四川、江苏、浙江和河南4个省份各细化指标中的 最大值为标准，将其处理为1，并将其他指标进行等比例放大，以保证所有细化指标取值均介于0~1之间。

就产业兴旺发展指数而言，四川在全国排第 11 名，在西部地区排第 2 名，这是四川的相对发展强项。在各细化指标方面具有一定的比较优势，特别是在农业品质化和农业组织化两个方面，选取的 3 个细化指标均处于相对领先位置，而在农业科技化和农业融合化方面，既有细化指标处于相对领先位置，也有细化指标处于相对落后位置，表明这两个方面虽取得了一定成绩，但仍待加强。对于农业效率化而言，人均农林牧渔业产值和节水灌溉耕地面积占比均处于相对落后位置，表明农业效率化可能是制约四川产业兴旺发展的短板之一（见图 4-55）。

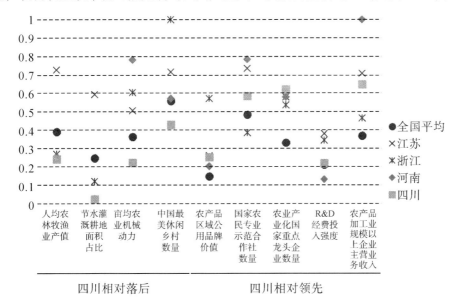

图 4-55 四川与对标省份产业兴旺的分项发展差异

就生态宜居发展指数而言，四川在全国排第 14 名，在西部地区排第 2 名。在用于考核生态宜居的"四率"指标中，乡村规划率、道路通达率和生活宜居率均处于相对滞后阶段，并且多数细化指标低于对标的 3 个省份和全国平均水平，特别是已编制村庄规划的行政村占比、人均村庄道路面积、开通互联网宽带业务行政村占比率等多项指标，亟须补齐短板。当然，四川在农村卫生厕所普及、生活垃圾处理、养老服务供给等方面取得了相对较好的成绩，可在以后的发展中实现进一步优化提升（见图 4-56）。

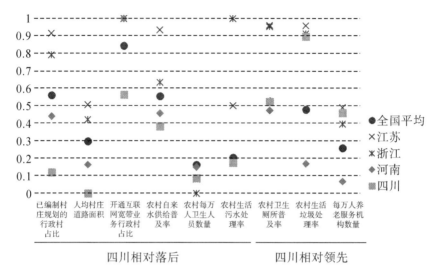

图 4-56　四川与对标省份生态宜居的分项发展差异

　　就乡风文明发展指数而言，四川在全国排第 22 名，在西部地区排第 6 名，这是四川的相对发展弱项。在用于考核乡风文明的"三化"指标中，家庭之风是四川的明显短板，用于考核其发展水平的指标处于相对落后状态，而在民俗之风和社会之风方面，既有细化指标处于相对领先位置，如村社邻居社交频繁程度和每万人村文化活动场所数量，也有细化指标处于相对落后位置，如全国文明村占行政村的比例和农村居民人均文化娱乐消费支出。这表明四川在一些方面虽取得了一定成绩，但整体上仍待加强（见图 4-57）。

　　就治理有效发展指数而言，四川在全国排第 27 名，在西部地区排第 10 名，这是四川的相对发展弱项。在用于考核治理有效的"三治"指标中，四川既没有明显的长处，也没有明显的短板。就细化指标而论，四川在村支书、村委会主任非一肩挑比例，农村居民治安满意度和村社邻居信任度三个方面取得了较好的成绩，但在村委会成员获专科及以上文凭的比例、全国民主法治示范村占行政村的比例、弱势群体的关照度三个方面均在全国范围内处于绝对落后的状态，需引起高度重视（见图 4-58）。

　　就生活富裕发展指数而言，四川在全国排第 12 名，在西部地区排第 3 名，这是四川的相对发展强项。在用于考核生活富裕的"三维"指标中，用于考核收入差距的细化指标处于相对落后状态，而在农民收入和生活质量方面，既有细

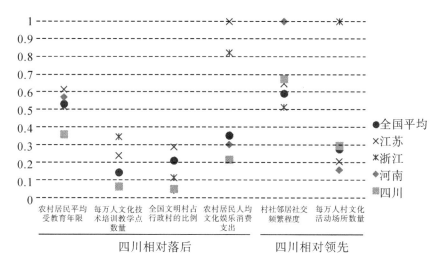

图 4-57　四川与对标省份乡风文明的分项发展差异

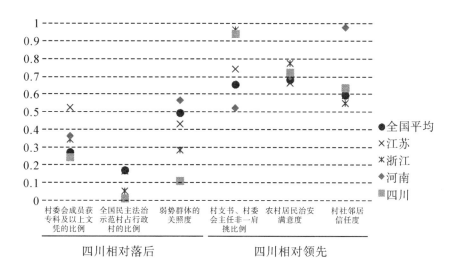

图 4-58　四川与对标省份治理有效的分项发展差异

化指标处于相对领先位置，如农民人均收入增长率和人均年食品消费蛋白质含量，也有细化指标处于相对落后位置，如农村居民可支配收入和每百户汽车拥有量。这表明四川在促进农民增收方面取得了一定的成绩，并且就食品消费而言，在全国范围内走在了前列。

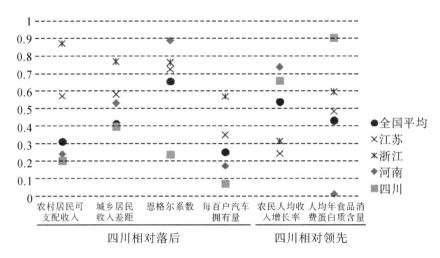

图 4-59　四川与对标省份生活富裕的分项发展差异

第五章　县级乡村振兴发展指数：
指标设定与评估

第一节　县级指标构建意义

县域经济发展是中国经济发展的重要内容。县域经济发展对乡村振兴战略有重要作用，因此，从县域层面研究乡村振兴发展指数将更加有针对性地引导乡村振兴战略的实践。另外，从空间尺度来看，县域空间尺度指数测算能够与其他空间尺度的乡村振兴发展指数测算形成相互补充，共同综合性地指导乡村振兴战略的实施。

一、县域经济发展是中国经济发展的重要内容

"郡县治，天下安。" 2015 年，习近平总书记在会见全国优秀县委书记时提出："在我们党的组织结构和国家政权结构中，县一级处在承上启下的关键环节，是发展经济、保障民生、维护稳定的重要基础，也是干部干事创业、锻炼成长的基本功训练基地。"中国各县拥有决定使用土地的权力并逐步形成了规范的税收分成制，这种制度通过县级地方政府和上级政府对经济租的分成对县级地方政府形成了巨大的激励，这被认为是破解中国改革之后经济高速发展奇迹的密码（张五常，2009）。

县域既是一个地理属性的区域，也是一个经济区域的划分。县域经济是以县级行政区划为边界的区域经济，在中国是一个具有长远历史的区域经济范畴，作为我国最基本、最重要的经济类型之一，量多面广，覆盖面大（吴玉鸣，2007）。截至 2016 年年底，全国共有县级行政区划 2 851 个（香港特别行政区、澳门特别行政区和台湾地区除外），其中，市辖区 954 个，县级市 360 个，县 1 366 个，

自治县 117 个（见表 5-1）。四川省有县级区划 183 个，占全国县级行政区数量的 6.4% 左右。县域经济是中国经济发展的重要内容，县域经济的总量增长和结构优化都将深入影响中国经济的走势。发展壮大县域经济是一个关系到国家命运和前途的重大战略（凌耀初，2003）。作为国民经济的基石，县域经济既是宏观经济平稳运行的"稳定器"，也是推进新型城镇化和新农村建设的"主战场"，战略意义十分重要（贾晋等，2015）。

表 5-1　　　　　　　　　　　全国县级行政区划

县级区划	个数
市辖区	954
县级市	360
县	1 366
自治县	117
县级区划总数①	2 851

表 5-2　　　　　　　　　　　四川省县级行政区划

县级区划	个数
市辖区	52
县级市	16
县	111
自治县	4
县级区划总数	183

二、县域经济发展对乡村振兴战略有重要作用

乡村振兴的发展离不开县域经济的重要支撑。凌耀初（2003）系统梳理了中国县域经济的特点，认为在长期的历史演变与发展中，中国县域经济形成了农村性、地域性、层次性、综合性和不平衡性等基本特点。其中，农村性决定了县域经济的

---

① 县级区划还包括旗、自治旗、矿区、林区、特区等。

发展与三农问题具有密不可分的联系，大多县级市的经济行为更接近于一般意义上的县域——以农村经济发展为主，离开了农业、农村就不能称为"县"。因此，在对县域定义时，包含了县级区划和县级市的范围，而不包括市辖区。

县具体管理着全国的农民，发展我国农村经济的重点在县，由于农民数量庞大，因此我国全面建成小康社会重任也在县（凌耀初，2003）。从产业政策来看，地方政府层面的合适的产业政策在产业升级过程中能够发挥重要作用，有些甚至是扭转乾坤的（阮建青等，2016）。

县域是乡村振兴战略实施的主战场，县域经济的发展对乡村振兴战略具有重要的作用。基于县域经济和县级空间尺度的乡村振兴战略研究能够从根本上真正实现乡村振兴战略的政策调适目标，有针对性地实现各个乡村由"千村一面"变为"千村千面"。对县域经济进行科学考察，可以获得更加详细的信息、更为深入的分析结果和更为可靠的结论（吴玉鸣，2007）。

三、县域层面指数研究对乡村振兴有重要引导

准确把握乡村振兴战略的科学内涵与构建乡村振兴战略的评价指标体系，既能有效揭示我国乡村发展现状，又能科学评价乡村振兴战略实施效果，还能进行区域比较分析，对明晰现实发展依据、强化实践指导以及发挥典型借鉴等具有重要作用。我国各县的乡村发展的不平衡不充分现象明显，既存在不少发展领先的地区，也存在不少相对落后的地区，即使是同一地区也可能存在乡村发展的巨大差异。《中共中央　国务院关于实施乡村振兴战略的意见》明确提出科学把握乡村的差异性和发展走势分化特征，做好顶层设计，注重规划先行、突出重点、分类施策、典型引路。

以往研究较少采用县级甚至更小的空间尺度（Spatial Scale）进行指数分析。而空间尺度过于宏观会忽视区域内部的差异，大大降低分析的可信度（陈良文等，2008）。加之如前面所述，各县拥有决定使用土地的权力并逐步形成了规范的税收分成制，这种制度通过县级地方政府和上级政府对经济租的分成对县级地方政府形成了巨大的激励。因此，有必要从县域的空间尺度来设定乡村振兴指数，并予以评估测算。从县域空间尺度进行乡村振兴指数测算，能够较好地与省级、市级乡村指数测算以及乡镇级乡村振兴指数测算形成良好的补充，共同综合性地评估和引导乡村振兴的发展。中国省域、市域、县域等不同空间尺度地域间

的经济差异比较明显，因此需要从不同的空间尺度进行乡村振兴指数研究。通过省际乡村振兴发展指数研究可以区分中国不同省份之间的资源禀赋差异和经济社会发展条件，进一步制定具有省级差异的乡村振兴战略。而县域作为相对完整的基本空间单元及省域经济增长的基础层次，在经济行为的组织运行上具有省域无法替代的特色，表现出其特有的行为机制和运行规律（吴玉鸣，2007）。因此，不同空间尺度的乡村振兴发展指数研究能够形成相互补充，从县域层面研究乡村振兴指数对从客观上指导乡村振兴发展具有重要的意义。

本书延续总体思路，从县级层面围绕乡村振兴战略的"二十字"方针，对乡村振兴战略的目标体系进行理论解构，通过优化省级层面的指标体系，结合数据可得性和县级层面的特征化事实，构建县级层面的指标体系，利用层次分析法设定各指标权重。本书进一步基于四川省省情，从区域分异视角设定针对四川省各区县的指标体系和权重设定。

第二节 县级指标构建

一、基本原则

县级指标的构建与省级指标的构建的基本原则有相同点，也有县级指标的特殊性。

第一，科学性原则。指标体系要能较客观和真实地反映系统的发展状况，并能较好地测度县级层面的乡村振兴发展水平。每个指标的名称、定义要有科学依据，每个指标的解释、计算方法、分类都要科学和规范。我们在延续省级指标体系基础上，保持一级指标基本不变化，即一级指标仍然依据"二十字"方针，从产业兴旺、生态宜居、乡风文明、治理有效和生活富裕五个维度构建。与省级指标不同的是，乡村振兴战略是一个重要的顶层设计与实践相结合的发展战略，特别是从县级层面，需要制定有针对性、指导性、前瞻性的发展规划。因此，一级指标中新增加一个乡村规划维度；在二级指标中，适当对与县域经济密切相关的指标进行调整，能够从不同层面反映县域的乡村振兴发展水平。

第二，主体性原则。主体性是指选择那些最能反映系统的指标，实际上就是确立对各种指标的取舍，并不是将一切统计指标都囊括在内就算是好指标，因为有许多指标在意义上是相互重复的，或者一些细小的指标是由主体指标决定的。指标选取过多看似全面，实际上由于指标的重复性和相互间关联的机理，造成部分指标的作用因素过度加大，反而使测评结果失真。李晓西（2014）在测算人类绿色发展指数时也提出了有效但有限的原则，认为人类绿色发展指数是为了达到促进各国绿色发展的有限目的，而不是通过人类绿色发展指数排名替代绿色 GDP 核算、绿色绩效评估等。因此，在设定县级乡村振兴指标时并不一定要面面俱到，而是把握重点，实现最终促进乡村振兴发展的目标。

第三，综合性原则。综合性要求测度指标涉及系统的各个方面，而不单纯是经济指标，力求全面反映系统的各个要素。综合性要求处理指标时必须考虑到指标体系内在的关联性，因为每个指标对系统的贡献度是不一样的，而且可能相互影响。另外，如果研究系统过于繁杂，应按指标变量的性质分解为若干个子系统，子系统又可以包含多个更小的系统指标，使指标体系结构清晰，便于使用。

第四，可操作性原则。指标体系要比较容易获取，没有稳定来源的评价指标尽量不要采用。与省级指标一致，指标要尽可能利用现有统计数据，特别是县级层面全样本的年鉴统计数据，以实现每年的可比性。指标要有横向（空间）的可比性和纵向（时间）的延续性，而且选定的指标最终可能会被其他研究人员借鉴，同时还要尽量考虑指标是否具有可比性。另外，指标体系作为一个有机整体，不但应该从各个不同角度反映出被评价区域乡村振兴的主要特征和状况，而且还要反映乡村振兴的动态变化，并能体现出乡村振兴的发展趋势。因此，需要选择一些对未来发展起重要作用的指标。

二、基于层次分析法的指标体系构建与权重设置

层次分析法（AHP）是美国著名运筹学家萨蒂（T.L.Saaty）等人于 20 世纪 70 年代提出的一种定性和定量相结合的、系统化的、层次化的分析方法，它把一个复杂的问题按其主次或支配关系分组而形成有序的递阶层次结构，通过两两比较判断的方式确定每一层次的因素的相对重要性，然后在递阶层次结构内进行合成以得到决策因素相对于总目标的重要性的总排序，最后通过对排序结果的分析解决所考虑的问题。

1. 建立层次的结构模型

本书运用 AHP 的结构模型，将县级乡村振兴发展的指标建立成递阶层次，

如表5-3所示。

表5-3　　　　　　　　　　　　层次结构表

目标层	准则层			方案层
	一级指标	二级指标	三级指标	
CC 乡村振兴发展水平比较	A 产业兴旺	A1 农业效率化	A11 人均农林牧渔业产值	各个县级行政区域
		A2 农产品外向化	A21 农业外向度指数	
		A3 农业机械化	A31 亩均农业机械动力	
		A4 农民组织化	A41 国家农民专业示范合作社数量	
	B 生态宜居	B1 生产绿色率	B11 化肥施用强度	
			B12 农药使用强度	
		B2 有效灌溉率	B21 有效灌溉率	
		B3 生活宜居率	B31 生活垃圾无害化处理率	
			B32 空气质量优良天数	
		B4 医疗配套率	B41 农村每万人卫生人员数	
			B42 每万人养老服务机构数量	
	C 乡风文明	C1 家庭之风	C11 农村居民平均受教育年限	
		C2 民俗之风	C21 乡村公共文化服务覆盖率	
		C3 社会之风	C31 每万人村文化活动场所数量	
	D 治理有效	D1 民主自治	D11 村民委员会成员数覆盖率	
		D2 基层法治	D21 农村居民治安满意度	
		D3 社会德治	D31 群众认可度	
	E 生活富裕	E1 农民收入	E11 农村居民可支配收入	
		E2 收入差距	E21 城乡居民收入差距比	
		E3 生活品质	E31 平均预期寿命	
	F 乡村规划	F1 针对方面	F11 是否有乡村振兴专项规划	
		F2 科学方面	F21 专家对规划评分	

第一，最高层（目标层）。最高层（目标层）是本书需要做出评价的目标，

即乡村振兴发展水平比较。

第二，中间层（准则层）。我们的准则层是影响乡村振兴发展水平的主要因素，包括六个准则，即"二十字"方针，产业兴旺、生态宜居、乡风文明、治理有效和生活富裕五项内容以及乡村规划的内容。子准则下延续省级指标思路，即"六化四率三风三治三维"的指标体系，结合县级指标的可操作性、可比性和数据的可获得性，充分实现有效但有限的对乡村振兴实践的指导，设置为"四化四率三风三治三维两方面"。

第三，方案层。方案层是指为实现乡村振兴发展目标供选择的各项措施、办法或方案。本书是对应各个县级行政区域，作为乡村振兴发展比较的方案。

2. 构造判断矩阵

首先，判断矩阵用于确定各准则的权重。在缺少确定的统一标度的情况下，对权重的判断是通过两两比较来实现的。

对于准则而言，需要对六个准则（分别用 A、B、C、D、E、F 表示）赋予权重，确定它们在对乡村振兴发展水平（用 CC 表示）的总体影响比重中所占比重。我们将对乡村振兴发展水平的总体影响定义为集合 $CC = \{A$，B，C，D，E，$F\}$ 对文化产业竞争力的影响。每次任取两个因素，如 A 和 B，用 W_{ab} 表示 A 和 B 对 CC 的影响之比。形成的矩阵如下：

$$
\begin{array}{ccccccc}
CC & A & B & C & D & E & F \\
A & 1 & W_a/W_b & W_a/W_c & W_a/W_d & W_a/W_e & W_a/W_f \\
B & W_b/W_a & 1 & W_b/W_c & W_b/W_d & W_b/W_e & W_b/W_f \\
C & W_c/W_a & W_c/W_b & 1 & W_c/W_d & W_c/W_e & W_c/W_f \\
D & W_d/W_a & W_d/W_b & W_d/W_c & 1 & W_d/W_e & W_d/W_f \\
E & W_e/W_a & W_e/W_b & W_e/W_c & W_e/W_d & 1 & W_e/W_f \\
F & W_f/W_a & W_f/W_b & W_f/W_c & W_f/W_d & W_f/W_e & 1
\end{array}
$$

同样，在 A 下可以建立相应的矩阵，两两比较方案层设为 $A = \{A1$，$A2$，$A3$，$A4\}$。在 B、C、D、E、F 下也同样比较。

第二，如何把重要性的感受转化为数字描述，即需建立一个判断尺度（见表5-4）。该判断尺度可用于专家评分设定权重，也能够在相对主观的评判下统一标准。

表 5-4   判断尺度与含义

尺度 W_{ab}	含义
1	对 CC 而言，A 和 B 同等重要
3	对 CC 而言，A 比 B 稍重要
5	对 CC 而言，A 比 B 重要
7	对 CC 而言，A 比 B 明显重要
9	对 CC 而言，A 比 B 极端重要
2、4、6、8	介于上述相邻之间

有了判断尺度，就可由相关研究方向的专家[1]两两评价不同指标的重要性，由此建立判断矩阵。

3. 计算各层次中因素的权重

我们根据判断矩阵提供的信息，利用 YAAHP 软件，求解各矩阵的特征根和特征向量，将最大特征根所对应的特征向量 $W = [W_1，W_2，W_3，\cdots，W_n]^T$ 做归一化处理 $W_i = W_i / \sum W_i (i = 1，2，3，\cdots，n)$，该特征向量就代表了该层中各因素对上一层其所属因素影响大小的权重。

4. 一致性检验

对人为赋予的判断矩阵，为判断其可靠性，需要进行一致性检验。计算步骤如下：

（1）计算随机一致性指标 CI 如下：

$CI = (\lambda_{max} - n)/(n - 1)$

式中，λ_{max} 为判断矩阵的最大特征值，n 为判断矩阵的阶数。

（2）计算一致性比率 CR：

$CR = CI / RI$

式中，RI 为平均随机一致性矩阵，由表 5-5 查得。

---

① 我们邀请了 5 位对乡村振兴和农业经济有一定研究的专家。

表 5-5　　　　　　　　　　平均随机一致性指标表

阶数	1	2	3	4	5	6	7	8	9	10
RI	0	0	0.58	0.9	1.12	1.24	1.32	1.41	1.45	1.49

当 $CR<0.1$ 时，认为判断矩阵的一致性可以接受；当 $CR>0.1$ 时，应对判断矩阵进行适当的修正。

5. 判断矩阵、一致性检验和权重结果

本书利用 YAAHP 软件，得出如表 5-6 所示结果。[①]

表 5-6　　　　　　　　　判断矩阵及一致性检验结果[②]

A 产业兴旺一致性比例：0.06。对"CC 乡村振兴发展水平比较"的权重：0.17。λmax：4.16。

A 产业兴旺	$A1$	$A2$	$A3$	$A4$	Wi
$A1$ 农业效率化	1	3	2	3	0.44
$A2$ 农产品外向化	1/3	1	1/2	3	0.19
$A3$ 农业机械化	1/2	2	1	2	0.26
$A4$ 农民组织化	1/3	1/3	1/2	1	0.11

B 生态宜居一致性比例：0.02。对"CC 乡村振兴发展水平比较"的权重：0.17。λmax：4.05。

B 生态宜居	$B1$	$B2$	$B3$	$B4$	Wi
$B1$ 生产绿色率	1	4	1	3	0.39
$B2$ 有效灌溉率	1/4	1	1/3	1/2	0.1
$B3$ 生活宜居率	1	3	1	3	0.37
$B4$ 医疗配套率	1/3	2	1/3	1	0.15

C 乡风文明一致性比例：0.01。对"CC 乡村振兴发展水平比较"的权重：0.17。λmax：3.01。

C 乡风文明	$C1$	$C2$	$C3$	Wi

[①]　在构建判断矩阵时，难免由于对相关因素定位不准确，出现一致性检验无法通过情况，但是由于 YAAHP 软件具有自动调整一致性功能，因此在结果中并没有出现不一致的情况。

[②]　为了更好地与省级乡村振兴发展指数对应，体现"二十字"方针在乡村振兴战略中同等重要的地位，一级指标权重保持一致。由于篇幅原因，加上三级指标基本与二级指标是一一对应关系，因此本书仅展示二级指标的权重矩阵。

表5-6(续)

C1 家庭之风	1	1/2	1/3	0.16
C2 民俗之风	2	1	1/2	0.3
C3 社会之风	3	2	1	0.54

D 治理有效一致性比例：0.05。对"CC 乡村振兴发展水平比较"的权重：0.17。λmax：3.05。

D 治理有效	D1	D2	D3	W_i
D1 民主自治	1	1/2	2	0.31
D2 基层法治	2	1	2	0.49
D3 社会德治	1/2	1/2	1	0.2

E 生活富裕一致性比例：0.01。对"CC 乡村振兴发展水平比较"的权重：0.17。λmax：3.01。

E 生活富裕	E1	E2	E3	W_i
E1 农民收入	1	2	3	0.54
E2 收入差距	1/2	1	2	0.3
E3 生活品质	1/3	1/2	1	0.16

F 乡村规划一致性比例：0。对"CC 乡村振兴发展水平比较"的权重：0.17。λmax：2.00。

F 乡村规划	F1	F2	W_i
F1 针对方面	1	1/2	0.33
F2 科学方面	2	1	0.67

因此，最后得出相关因素的权重如表 5-7 所示。

表 5-7　　　　　　　　　　　　各准则权重

一级指标	权重	二级指标	权重	三级指标	权重
A 产业兴旺	0.17	A1 农业效率化	0.07	A11 人均农林牧渔业产值	0.07
		A2 农产品外向化	0.03	A21 农业外向度指数	0.03
		A3 农业机械化	0.04	A31 亩均农业机械动力	0.04
		A4 农民组织化	0.02	A41 国家农民专业示范合作社数量	0.02

表5-7(续)

一级指标	权重	二级指标	权重	三级指标	权重
B 生态宜居	0.17	B1 生产绿色率	0.07	B11 化肥施用强度	0.04
				B12 农药使用强度	0.02
		B2 有效灌溉率	0.02	B21 有效灌溉率	0.02
		B3 生活宜居率	0.06	B31 生活垃圾无害化处理率	0.03
				B32 空气质量优良天数	0.03
		B4 医疗配套率	0.02	B41 农村每万人卫生人员数	0.01
				B42 每万人养老服务机构数量	0.01
C 乡风文明	0.17	C1 家庭之风	0.05	C11 农村居民平均受教育年限	0.05
		C2 民俗之风	0.09	C21 乡村公共文化服务覆盖率	0.09
		C3 社会之风	0.08	C31 每万人村文化活动场所数量	0.08
D 治理有效	0.17	D1 民主自治	0.05	D11 村民委员会成员数覆盖率	0.05
		D2 基层法治	0.08	D21 农村居民治安满意度	0.08
		D3 社会德治	0.03	D31 群众认可度	0.03
E 生活富裕	0.17	E1 农民收入	0.09	E11 农村居民可支配收入	0.09
		E2 收入差距	0.05	E21 城乡居民收入差距比	0.05
		E3 生活品质	0.03	E31 平均预期寿命	0.03
F 乡村规划	0.17	F1 针对方面	0.06	F11 是否有乡村振兴专项规划	0.06
		F2 科学方面	0.11	F21 专家对规划评分	0.11

　　通过该权重，就可以结合县级数据进行乡村振兴指数测算。另外，我们在权重设定中发现，一级指标中权重最高的前五项分别是：F2 科学方面，E1 农民收入，C3 社会之风，D2 基层法治和 A1 农业效率化。由其分别对应的二级指标可见，县级乡村指标设定中，强调对乡村振兴顶层设计和总体规划，并且关注乡村振兴规划的科学性。农民收入和农业效率化是乡村振兴发展中两个重要的经济指标，一方面体现了乡村振兴战略需要以产业为基础，积极推动农业发展和农业供

给侧结构性改革；另一方面体现了乡村振兴战略需要着力解决农民增收问题，破解发展不平衡、不充分的问题。另外，乡风文明和治理有效是乡村振兴的战略实施的重要保障，因此社会之风和基层法治的权重较高（见表5-8）。

表 5-9　　　　　　　　各指标中权重最高的 5 项指标

一级指标	权重
F2 科学方面	0.11
E1 农民收入	0.09
C3 社会之风	0.09
D2 基层法治	0.08
A1 农业效率化	0.07
二级指标	权重
F21 专家对规划评分	0.11
E11 农村居民可支配收入	0.09
C31 每万人村文化活动场所数量	0.09
D21 农村居民治安满意度	0.08
A11 人均农林牧渔业产值	0.07

第三节　区域分异视角下四川省县级指标构建

改革开放以来，四川省的农业发展取得了令人瞩目的成就。但由于四川省地域辽阔以及农业系统的异常复杂性和整个社会经济的快速转型，农业基础薄弱的状况尚未根本改变，制约农业和农村发展的深层次矛盾并没有根本消除。其中一个重要原因在于没有立足农业在不同阶段、不同区域的特质。乡村振兴战略的四川篇需要准确把握各区域所处的不同阶段，掌握各区域农业、农村发展的现状，从而为乡村振兴实践选取适合的实施战略。因此，在已有县域指标基础上，通过构建区域分异视角下四川省的县级乡村振兴指标体系，有利于制定契合四川省不同地区资源禀赋基础和乡村振兴发展阶段的合理政策。

一、四川省县域乡村振兴发展关键任务

四川省县域乡村振兴的关键任务包括以下四点：

第一，以多功能性定位乡村振兴背景下的农业农村发展。多功能性的核心要素可以概括为农业能够以联合产出的形式，同时提供多种商品性或非商品性的产出物；很多非商品性产出表现出的外部性或公共物品特征，使得这些产品的市场要么不存在，要么运作不良。因此，认识乡村振兴背景下四川省农业和农村的多功能性，有必要从农业系统的角度，拓宽对现代农业的认识。值得注意的是，有学者从农村社会学和农村地理学视角出发，将多功能性视作农业本土化模式的一种新类型，是充分利用当地资源并构建新型消费者—生产者关系（即供需关系）的一种现代农业系统。四川省乡村振兴发展应当积极拓展农业和农村的经济功能、社会功能、文化功能和生态功能，大力发展都市设施农业、循环农业、绿色农业、创汇农业、观光休闲农业、生态农业、旅游农业等各种现代农业模式，大力推进幸福美丽新村和田园综合体建设，积极推进农村社区的文化建设。

第二，确定乡村振兴的产业发展模式。现代农业最初的经典模式中，农业增长被视为工业化、经济结构调整和总增长的引擎，利用农业剩余来为工业化铺路得到各国的广泛应用和发展。同时，工业化推动社会经济发展的同时，也成为农业技术革新、管理经营手段、机械化发展的助推剂。以美国为代表的欧美发达国家通过大量利用能源的机械化耕作来获得农业的高产量，适应了这些国家地广人稀的资源禀赋形态，既节省了劳动力资源，又符合工业化急剧发展的要求。日本则通过发展以生物和化学为主的农业生产技术，适应了其耕地有限、人口密度较高的资源禀赋形态。20 世纪 70 年代以后，生态农业理念的兴起改观了 20 世纪 60 年代以前以提高各种农作物产量为目标的观念。这一过程也是一个农业与工业由分离乃至于对立发展向利用现代科学技术对工农业进行深刻改造，实现多产业有机融合的现代经济体系的过程。然而，20 世纪 80 年代中期开始，农业的基础地位受到了忽视和否定，农业被看成在获取公共投资上缺乏竞争的夕阳产业，工业化促进发展的战略成为发展经济、降低贫困率的最有效途径，政府对工业的公共投资和制度改革的成果似乎远远优于农业部门。然而，2005 年前后一系列经济、社会和环境方面的危机爆发（包括粮食不安全和饥荒加重、撒哈拉以南非洲农业的持续停滞、农村贫困问题、城乡收入差距扩大、环境服务功能提供不足等),使得农业又重获重视,因为农业既是造成这些问题的根源,也可能是解决这些问题的途径,多功能农业被纳入现代农业发展战略框架。四川省现代农业发展应当通过机制设计权衡农业的各种发展结果。例如,与大规模农场相比,即便以略微牺牲增长为代价,家庭经营也可能是首选,因为家庭经营能给农村贫困人口带来自主收入。另外,随着劳动力市场日益成为农村人口福利提高的重要工具,在农业中创造就业的技术可能比劳动力节约型技术更受欢迎。此外,当以化学药品为基础的耕作方式的负外部性不能内部化时,即便要付出产量和风险的代价,农业生态方法也可能是更好的选择。另外,需要激发农业产业实体经济的活力,推进第二产业、第三产业的经营主体参与涉农产业。四川省应借鉴"第六产业"理论,以提升农产品品质和附加值为目标,推进农业价值链向纵向延伸的相合发展;推进"农业+"战略,实现农业与旅游业、农业与文创产业的相融发展。

第三,确定政府、市场和社区在乡村振兴发展中的相互关系。在乡村振兴不断发展过程中,其主体问题确切地说不完全是决定"以谁为主体"的问题,而是内蕴着一个更为一般意义上的角色定位与互动关系问题,即如何结合现代农业和农村在各地的具体发展情况,界定政府、农民和社会部门各自扮演的角色以及如何构建各参与主体在乡村振兴发展中彼此协调合作的动态参与架构的问题。新中国成立以来我国农业和农村发展的实践经验表明,我国农业和农村现代化取得成功的关键和前提,也取决于合理界定参与主体并对其进行有效的持续激励。厘清参与主体及其各自的角色和功能定位,是新时代农业农村改革必须首先明确的重大问题,是我国现代农业取得阶段性成功并获取不竭动力的关键所在。四川省乡村振兴发展重新界定政府在农业农村发展的地位和作用是非常必要的,新型政府必须有能力与私营部门和生产者组织一起运作,应付市场竞争与外部性,提供公共产品,并保证农业农村发展,以促使其实现发展经济、社会、环境的目标。

第四,明确县域经济在乡村振兴发展中的重要作用。从县域内部来看,县级行政区域是实现城乡融合发展、破解发展不平衡不充分的重要载体和主战场。因此,四川省各县需要通过城乡融合,实现全民共享局面;打破户籍壁垒,实现社会保障均等化和一体化;加强和改善政府对农业农村发展的调控和引导,基于农业市场化取向,改革农村基本经营制度和农业支持保护体系;构建城乡一体化的基本公共服务体系，创新农村社会管理体制；重构政府行政管理体制。从县域之间来看，四川省有五大经济区，这也是四川省各县级行政区需要重点关注的分区域、分阶段、分类别实施乡村振兴战略。另外，四川省各县级区域之间需要着力通过区域联动，实现全域全业发展。四川省应从区域经济整体发展的互补性与协调作用出发，制定具有全局视野的发展政策；借鉴"全域""全业"旅游理念，合理引导农业产业布局，培育和建立起具有区域特色的集群品牌，打造农业产业集群；着力消除区域间的市场壁垒、贸易壁垒以及行政壁垒，促进劳动力、信息和资本的共享与自由流动，建立一体化的商品市场和就业市场。

二、四川省县域乡村振兴指标构建

在已有的指数研究中，针对不同区域的特色个性，往往采用绝对指数测算和相对（分类）指数测算相结合的方式。绝对指数是构建统一的指标，最终测算出不同区域的得分，比较各个区域的绝对得分，作为乡村振兴发展水平的衡量。相对指数测算是通过聚类分析，以此判断不同区域所属的相对类别。另外，在相对指数测算时，也有通过设置共性指标和特色指标来区分不同区域、不同类别的乡村振兴发展。

考虑到指标的可比性以及综合考虑指标的绝对含义和相对含义，本书基于四川省自然资源禀赋和经济社会发展条件，结合上述乡村振兴发展关键任务，在全国通用的县域乡村振兴发展指数指标体系基础上，构建四川省县域乡村振兴指标体系（见表5-9）。对比四川省和全国县域乡村振兴指标体系可见，四川省县域乡村振兴指标体系在延续全国县域乡村振兴指标体系基础上，更加体现了对乡村振兴发展水平的分类识别和测算。一方面，为了使乡村振兴指标体系在四川省183个县级行政区具有统一的可比性，四川省县域乡村振兴指标体系保持一致；另一方面，为了突出四川省五大经济区的差异化发展特点，更好地实现乡村振兴的分步分类推进战略，四川省县域乡村振兴指标 $A12$ 人均农林牧渔业产值在经济区的相对排名、$C12$ 农村居民平均受教育年限在经济区排名、$E12$ 农民人均可支配收入与经济区可支配收入之比、$E22$ 农民人均可支配收入与经济区城镇可支配收入之比和 $E32$ 恩格尔系数在经济区排名，以各个县级行政区相应指标在所在经济区的相对排名或之比作为衡量乡村振兴发展水平的相对指标，客观反映不同区域不同类别的乡村振兴发展水平。

表 5-9 　　　　　四川省县域乡村振兴指标体系构建

目标层	准则层				方案层
	一级指标	二级指标	三级指标		
CC 乡村振兴发展水平比较	A 产业兴旺	A1 农业效率化	A11 人均农林牧渔业产值		各个县级行政区域
			A12 人均农林牧渔业产值在经济区的相对排名		
		A2 农产品外向化	A21 农业外向度指数		
		A3 农业机械化	A31 亩均农业机械动力		
		A4 农民组织化	A41 国家农民专业示范合作社数量		
	B 生态宜居	B1 生产绿色率	B11 化肥施用强度		
			B12 农药使用强度		
		B2 有效灌溉率	B21 有效灌溉率		
		B3 生活宜居率	B31 生活垃圾无害化处理率		
			B32 空气质量优良天数		
		B4 医疗配套率	B41 农村每万人卫生人员数		
			B42 每万人养老服务机构数量		
	C 乡风文明	C1 家庭之风	C11 农村居民平均受教育年限		
			C12 农村居民平均受教育年限在经济区排名		
		C2 民俗之风	C21 乡村公共文化服务覆盖率		
		C3 社会之风	C31 每万人村文化活动场所数量		
	D 治理有效	D1 民主自治	D11 村民委员会成员数覆盖率		
		D2 基层法治	D21 农村居民治安满意度		
		D3 社会德治	D31 群众认可度		

表5-9（续）

目标层	准则层			方案层
	一级指标	二级指标	三级指标	
cc 乡村振兴发展水平比较	E 生活富裕	E1 农民收入	E11 农村居民可支配收入	各个县级行政区域
			E12 农民人均可支配收入与经济区可支配收入之比	
		E2 收入差距	E21 城乡居民收入差距比	
			E22 农民人均可支配收入与经济区城镇可支配收入之比	
		E3 生活品质	E31 平均预期寿命	
			E32 恩格尔系数在经济区排名	
	F 乡村规划	F1 针对方面	F11 是否有乡村振兴专项规划	
		F2 科学方面	F12 专家评分	

在此基础上，同样采用层次分析法，通过构造判断矩阵、初步计算各层次中因素的权重、一致性检验、调整各指标权重，最终确定四川省县域乡村振兴发展指标及权重如表5-10所示。

表5-10　　　　　四川省县域乡村振兴发展指标及权重

一级指标	权重	二级指标	权重	三级指标	权重
A 产业兴旺	0.17	A1 农业效率化	0.07	A11 人均农林牧渔业产值	0.035
				A12 人均农林牧渔业产值在经济区的相对排名	0.035
		A2 农产品外向化	0.03	A21 农业外向度指数	0.03
		A3 农业机械化	0.04	A31 亩均农业机械动力	0.04
		A4 农民组织化	0.02	A41 国家农民专业示范合作社数量	0.02

表5-10(续)

一级指标	权重	二级指标	权重	三级指标	权重
B 生态宜居	0.17	B1 生产绿色率	0.07	B11 化肥施用强度	0.04
				B12 农药使用强度	0.02
		B2 有效灌溉率	0.02	B21 有效灌溉率	0.02
		B3 生活宜居率	0.06	B31 生活垃圾无害化处理率	0.03
				B32 空气质量优良天数	0.03
		B4 医疗配套率	0.02	B41 农村每万人卫生人员数	0.01
				B42 每万人养老服务机构数量	0.01
C 乡风文明	0.17	C1 家庭之风	0.05	C11 农村居民平均受教育年限	0.025
				C12 农村居民平均受教育年限在经济区排名	0.025
		C2 民俗之风	0.09	C21 乡村公共文化服务覆盖率	0.09
		C3 社会之风	0.08	C31 每万人村文化活动场所数量	0.08
D 治理有效	0.17	D1 民主自治	0.05	D11 村民委员会成员数覆盖率	0.05
		D2 基层法治	0.08	D21 农村居民治安满意度	0.08
		D3 社会德治	0.03	D31 群众认可度	0.03
E 生活富裕	0.17	E1 农民收入	0.09	E11 农村居民可支配收入	0.045
				E12 农民人均可支配收入与经济区可支配收入之比	0.045
		E2 收入差距	0.05	E21 城乡居民收入差距比	0.025
				E22 农民人均可支配收入与经济区城镇可支配收入之比	0.025
		E3 生活品质	0.03	E31 平均预期寿命	0.015
				E32 恩格尔系数在经济区排名	0.015
F 乡村规划	0.17	F1 针对方面	0.06	F11 是否有乡村振兴专项规划	0.06
		F2 科学方面	0.11	F12 专家评分	0.11

在明确乡村振兴发展指标之后，我们就可以对四川省各县的乡村振兴实践进行综合比较评价，得出各县级样本的综合性得分。我们可以按照各县得分，比较

各县的绝对得分值，从"得分"与"权重"双重视角剖析典型村庄加权综合得分高低的原因。

三、四川省县域乡村振兴指标综合评价

由于数据可获得性问题，本书仅初步对《四川统计年鉴 2017》的县级数据涉及指标进行分析，未来将结合第三次农业普查数据和实地调研数据对各县的完整指标进行详细测算。四川省县域乡村振兴发展指标如表 5-11 所示。

表 5-11　　　　　　　　　四川省县域乡村振兴发展指标

指标	单位
城镇化率	%
第一产业 GDP 占比	%
第一产业民营经济增加值	万元
耕地灌溉面积	公顷
农林牧渔业增加值	万元
化肥施用量	吨
农村用电量	万千瓦小时
地方一般公共预算收入	万元
出口总额	万元

考虑到已有指标的局限性，本书首先基于指标的绝对数值进行测算。由于各指标代表的物理涵义不同，因此存在着量纲上的差异。这种异量纲性是影响对事物整体评价的主要因素。指标的无量纲化处理是解决这一问题的主要手段。无量纲化也称为数据的标准化、规格化，是一种通过数学变换来消除原始变量量纲影响的方法。本书采用比重分，计算数值作为对应指标的比重。公式如下：

$$y_{ik} = \frac{x_{ik}}{\sum_{i=1}^{n} x_{ik}}$$

y_{ik} 代表无量纲化后的数值，x_{ik} 代表第 i 个地区 k 指标对应的数值。

然而，部分指标并不是正向指标（即指标数值越大越好），如化肥施用量，因此对于逆向指标，采用公式处理如下：

$$y_{ik} = \frac{\sum\limits_{i=1}^{n} x_{ik} - x_{ik}}{\sum\limits_{i=1}^{n} x_{ik}}$$

本书对各个指标上的得分按下式计算：

$$S_i = \sum_{k=1}^{9} y_{ik}$$

S_i 是第 i 个地区的测算分数；y_{ik} 是地区 i 的第 k 个指标对应的无量纲化数值。

由此，首先得出按照绝对数值的结果（见表5-12），限于篇幅，本书仅列出排名在前10位的县。

表5-12 　　　　　　　　　按照绝对值测算的排名在前10位的县

排名	县（市）	所属经济区
1	成都市双流区	成都平原经济区
2	德阳市中江县	成都平原经济区
3	眉山市仁寿县	成都平原经济区
4	成都市简阳市	成都平原经济区
5	成都市龙泉驿区	成都平原经济区
6	资阳市安岳县	成都平原经济区
7	绵阳市三台县	成都平原经济区
8	凉山州西昌市	攀西经济区
9	南充市仪陇县	川东北经济区
10	成都市新都区	成都平原经济区

另外，由于绝对数值忽略了不同地区乡村振兴发展的不同类别和各自的特殊性，从表5-12也可以看出，按照统一的绝对标准来看，排名在前10位的县（市），有8个县（市）都属于成都平原经济区。因此，按照五大经济区划分，本书将按照各指标在5大经济区内部的相对排名，由此得出按照相对排序测算的排名在前10位的县（市），如表5-13所示。

表 5-14　　　　　　　按照相对排序测算的排名在前 10 位的县

排名	县（市）	所属经济区
1	成都市双流区	成都平原经济区
2	成都市龙泉驿区	成都平原经济区
3	凉山州西昌市	攀西经济区
4	达州市宣汉县	川东北经济区
5	内江市资中县	川南经济区
6	达州市渠县	川东北经济区
7	泸州市泸县	川南经济区
8	凉山州会东县	攀西经济区
9	南充市仪陇县	川东北经济区
10	甘孜州甘孜县	川西北经济区

第六章 四川省百强名村与集体经济十强村的评价指标体系构建

第一节 评选项目及条件

一、四川省百强名村

第一，发展指数。村庄快速发展，经济实力较强。

第二，民生指数。农民生活幸福，民生不断改善。

第三，绿色指数。环境保护良好，生态循环发展。

第四，治理指数。乡村治理完善，依法依规治村。

二、四川省集体经济十强村

第一，村集体经济总收入。

第二，村集体经济资产（含经营性固定资产和流动资产）。

第三，农民从村集体经济获得的人均收益。

四川省符合条件的行政村可同时申报四川省百强名村和四川省集体经济十强村。获评省级"四好村"的，在得分相同情况下优先考虑。

有如下情形之一的，取消当年四川省百强名村及集体经济十强村申报资格：有党员干部违反党纪政纪受到处分的，有重大安全责任事故或刑事案件发生的，有发生重大群体性上访事件受到通报的。

第二节 四川省百强名村评价指标体系构建

四川省百强名村评分办法从产业发展、民生保障、生态绿色、治理有效四个方面构建了评价指标体系，总共 14 个细分指标。指标体系具体内容如下：

一、发展指数（权重 50%）

1. 村集体经济可支配收入（15 分）

该项指标以参选村中集体经济可支配收入最高值为基准。

该项指标得分＝（村集体经济可支配收入/基准值）×15

2. 村集体经济资产（含经营性固定资产和流动资产）（10 分）

该项指标以参选村中集体经济资产最高值为基准。

该项指标得分＝（村集体经济资产/基准值）×10

3. 农民人均可支配收入（10 分）

该项指标以参选村中农民人均可支配收入最高值为基准。

该项指标得分＝（农民人均可支配收入/基准值）×10

4. 村域内新型经营主体（龙头企业、农民合作社、家庭农场）总收入（10 分）

该项指标以参选村中新型经营主体总收入最高值为基准。

该项指标得分＝（村域内新型经营主体总收入/基准值）×10

5. 土地适度规模经营面积占土地面积比例（5 分）

土地适度规模经营面积占地比达到 60% 以上得 5 分。占地比每减少 1% 扣 0.1 分，扣完为止。

（参考依据：四川省政府——四川省 2017 年耕地流转率为 33.8%；成都市政府——成都市 2017 年土地适度规模经营率为 53%。）

二、民生指数（权重 20%）

1. 安全住房保障率（5 分）

安全住房保障率达到 100% 得 5 分，每递减 5% 扣 1 分，扣完为止。

（参考依据：四川省省级"四好村"评选标准。）

2. 农村通组路通达率（5分）

农村通组路通达率达到100%得5分，每递减5%扣1分，扣完为止。

（参考依据：调研发现广元强村验收标准为通组公路通达率70%。）

3. 适龄学生义务教育入学率（5分）

适龄学生义务教育入学率达到100%得5分，未达到100%不得分。

（参考依据：根据四川省教育厅数据，2015年四川省小学学龄儿童净入学率99.72%，初中阶段毛入学率115.37%。）

4. 新型农村合作医疗参保率（5分）

新型农村合作医疗参保率达到100%得5分，未达到100%不得分。

（参考依据：2013年年底，官方公布的数据显示，我国农村地区新型农村合作医疗的参保率已经达到了98.7%。）

三、绿色指数（权重20%）

1. "三品一标"个数评分标准（10分）

参选村每拥有一项无公害农产品得1分，每拥有一项绿色食品得3分，每拥有一项有机农产品得5分，每拥有一项农产品地理标志得5分。加总后最高得分不得超过10分。

（参考依据：四川省农业厅举行新闻发布会宣布目前四川全省"三品一标"农产品已达5 467个，到2020年数量将达到5 600个。）

2. 农村垃圾处理率评分标准（5分）

以农村垃圾处理率90%为基准，≥90%得5分，<90%不得分。

（参考依据：调研发现广元强村验收标准为农村垃圾处理率90%。）

3. 农村排污处理率评分标准（5分）

以农村排污处理率90%为基准，≥90%得5分，<90%不得分。

（参考依据：调研发现广元强村验收标准为农村排污处理率90%。）

四、治理指数（权重10%）

1. 有健全的村民自治机制（5分）

达到以下4项标准的视为有健全的村民自治机制：

（1）已建立完善的村民自治章程和村规民约；

（2）村民自治机制健全，已建立"两委"协调机制和联席会议制度；

（3）村廉监委组织机构健全，作用发挥充分；

（4）已落实党务、村务、财务公开制度，公开率达 100%。

完全达到健全村民自治机制标准的得 5 分，未达到标准的不得分。

2. 村"两委"群众满意率（5 分）

村"两委"群众满意率达到 100% 得 5 分，每递减 2% 扣 1 分，扣完为止。

四川省百强名村评价指标体系如表 6-1 所示。

表 6-1　　　　　　　　　　　四川省百强名村评价指标体系

指数	权重（%）	评选指标	权重（%）
发展指数	50	村集体经济可支配收入	15
		村集体经济资产（含经营性固定资产和流动资产）	10
		农民人均可支配收入	10
		村域内新型经营主体（龙头企业、农民合作社、家庭农场）总收入	10
		土地适度规模经营面积占土地面积比例	5
民生指数	20	安全住房保障率	5
		农村通组路通达率	5
		适龄学生义务教育入学率	5
		新型农村合作医疗参保率	5
绿色指数	20	"三品一标"个数	10
		农村垃圾处理率	5
		农村排污处理率	5
治理指数	10	有健全的村民自治机制	5
		村"两委"群众满意率	5

第三节　四川省集体经济十强村评价指标体系构建

一、村集体经济可支配收入（权重40%）

该项指标以参选村中集体经济可支配收入最高值为基准。

该项指标得分=（村集体经济可支配收入/基准值）×40。

二、村集体经济资产（含经营性固定资产和流动资产）（权重30%）

该项指标以参选村中集体经济资产最高值为基准。

该项指标得分=（集体经济资产/基准值）×30

三、农民从村集体经济获得的人均收益（权重30%）

该项指标以参选村中农民从村集体经济获得的人均收益最高值为基准。

该项指标得分=（农民从村集体经济获得的人均收益/基准值）×30

四川省集体经济十强村评价指标体系如表6-2所示。

表6-2　　　　　　四川省集体经济十强村评价指标体系

指标	权重（%）
村集体经济可支配收入	40
村集体经济资产（含经营性固定资产和流动资产）	30
农民从村集体经济获得的人均收益	30

第四节　四川省百强名村评选分析说明

一、四川省百强名村评选过程说明

评选依据各参选村提供的申报材料，在各市（州）范围内对参选村进行初次筛选。评选参照各市（州）提交的参选村排名，选取成都市排前30名的参选村和其他各市（州）排前 4 名的参选村进入第二轮复选。经过第一轮初选后，共有 110 个参选村进入复选环节。

评选将进入第二轮复选的 110 个参选村数据进行汇总，按四川省百强名村评选指标体系中的评分标准进行评分。考虑到个别村单项数据过高会对其他村的单项评分产生重大影响和偏差，因此设定村集体经济可支配收入 1 000 万元以上为满分 15 分，村集体经济资产 1 亿元以上为满分 10 分，村域内新型经营主体总收入 1 亿元以上为满分 10 分。最后，评选结合各地具体情况，参考区域影响力等综合因素，采取专家打分法选出前 100 名为四川省百强名村。最终获选名单如表 6-3 所示。

表 6-3　　　　　　　　　　　　　四川省百强名村

排名	村名
1	彭州市龙门山镇宝山村
2	成都市郫都区唐昌镇战旗村
3	江油市大康镇星火村
4	广汉市三水镇友谊村
5	攀枝花市东区银江镇阿署达村
6	遂宁市射洪县瞿河乡金龟寺村
7	成都市金堂县赵家镇平水桥村
8	宜宾市筠连县腾达镇春风村
9	凉山州冕宁县复兴镇建设村
10	成都市郫都区友爱镇农科村
11	成都市龙泉驿区同安街道阳光村
12	成都市温江区金马镇温泉社区
13	泸州市纳溪区大渡口镇平桥村
14	内江市隆昌县金鹅镇古宇村
15	成都市郫都区三道堰镇青杠树村
16	凉山州西昌市西乡乡凤凰村
17	眉山市丹棱县双桥镇梅湾村

表6-3(续)

排名	村名
18	南充市蓬安县相如镇油房沟村
19	广安市华蓥市高兴镇高兴村
20	成都市泉驿区洛带镇宝胜村
21	成都市新都区新繁镇高院村
22	广元市青川县青溪镇阴平村
23	成都市崇州市桤泉镇群安村
24	绵阳市涪城区石塘镇瓦店村
25	雅安市名山区中峰乡海棠村
26	成都市崇州市白头镇五星村
27	自贡市荣县来牟镇来牟村
28	攀枝花市仁和区大田镇片那立村
29	甘孜县稻城县香格里拉镇亚丁村
30	眉山市彭山区观音镇果园村
31	成都市青白江区城厢镇十八湾村
32	成都市温江区和盛镇友庆社区
33	资阳市雁江区保和镇晏家坝村
34	德阳市中江县集凤镇石垭子村
35	成都市蒲江县西来镇两河村
36	雅安市汉源县九襄镇三强村
37	成都市新都区军屯镇静平村
38	成都市彭州市小鱼洞镇大楠村
39	泸州市江阳区分水岭镇董允坝村
40	宜宾市珙县上罗镇代家村
41	成都市青白江区福洪镇杏花村
42	乐山市犍为县舞雩乡高龙村
43	内江市市中区永安镇尚腾新村

表6-3(续)

排名	村名
44	成都市温江区万春镇幸福村
45	成都市蒲江县甘溪镇明月村
46	达州市宣汉县庙安乡八庙村
47	巴中市巴州区玉堂街道办事处苏山村
48	阿坝州小金县老营乡下马厂村
49	绵阳市三台县花园镇涪城村
50	资阳市安岳县龙台镇花果村
51	德阳市旌阳区孝泉镇涌泉村
52	自贡市富顺县琵琶镇金竹村
53	泸州市龙马潭区特兴镇走马村
54	雅安市芦山县龙门乡青龙场村
55	雅安市石棉县安顺彝族乡安顺村
56	绵阳市安州区塔水镇七里村
57	遂宁市蓬溪县常乐镇拱市村
58	南充市西充县凤鸣镇新书房村
59	南充市仪陇县新政镇安溪潮村
60	成都市郫都区唐元镇锦宁村
61	广安市广安区龙安乡群策村
62	巴中市平昌县江口镇大运村
63	眉山市青神县南城镇兰沟村
64	什邡市马祖镇马祖村
65	峨眉山市绥山镇天全村
66	阿坝州黑水县沙石多乡羊茸村
67	广安市邻水县柳塘乡大河坝村
68	成都市邛崃市羊安镇仁和社区
69	广元市苍溪县云峰镇狮岭村

表6-3（续）

排名	村名
70	泸州市古蔺县双沙镇白马村
71	成都市大邑县韩场镇兰田社区
72	宜宾市屏山县锦屏镇锦屏村
73	攀枝花市米易县攀莲镇贤家村
74	凉山州德昌县小高镇高丰村
75	阿坝州茂县凤仪镇坪头村
76	巴中市南江县正直镇长滩村
77	广元市旺苍县木门镇三合村
78	遂宁市安居区玉丰镇鸡头寺村
79	江安县怡乐镇麻衣村
80	成都市新津县永商镇烽火村
81	遂宁市船山区唐家乡东山村
82	南充市南部县南隆镇望月村
83	广元市利州区白朝乡月坝村
84	成都市大邑县董场镇祥和村
85	广安市武胜县飞龙镇卢山村
86	成都市天府新区合江街道南天寺村
87	达州市大竹县庙坝镇长乐村
88	内江市威远县新店镇民富村
89	眉山市仁寿县文宫镇石家社区
90	自贡市大安区大山铺镇江姐村
91	乐山市沐川县沐溪镇三溪村
92	阿坝州汶川县威州镇双河村
93	达州市万源市八台镇天池坝村
94	巴中市恩阳区关公镇西南村
95	资阳市乐至县高寺镇清水村

表6-3(续)

排名	村名
96	甘孜州康定市呷巴乡俄达门巴村
97	内江市资中县兴隆街镇双桥村
98	达州市通川区北外镇田家塝村
99	乐山市马边彝族自治县民主乡光华村
100	甘孜州炉霍县宜木乡虾拉沱村

二、四川省百强名村整体情况分析

四川省百强名村从地域分布来看，成都平原经济区占比为52%，川东北经济区占比为20%，川南经济区占比为15%，攀西经济区占比为6%，川西北生态经济区占比为7%。

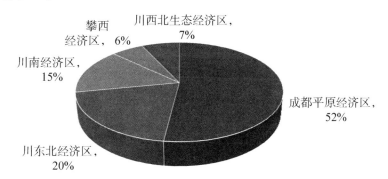

图6-1　五大经济区各自拥有百强名村数量占比

按四川省五大经济区划分，各项经济指标如图6-2~图6-5所示。

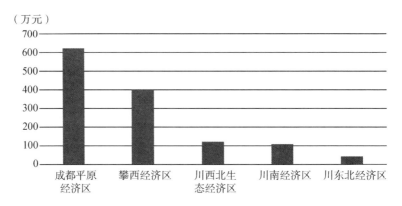

图 6-2　村集体经济平均可支配收入

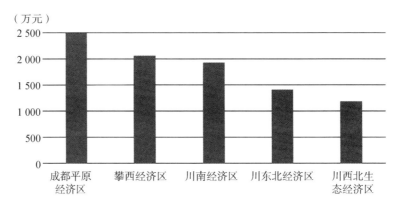

图 6-3　村集体经济平均资产

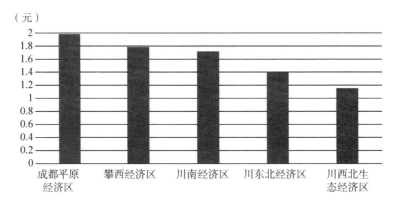

图 6-4　农民人均可支配收入

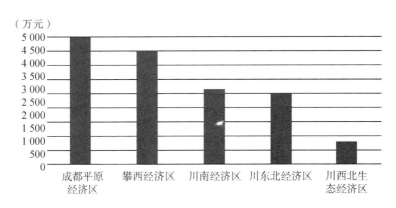

图 6-5　村域新型经营主体平均收入

以村为单位具体来看，各项经济指标统计如下：

四川省百强名村集体资产总额 121.84 亿元。其中，村集体经济资产 1 亿元以上的村有 3 个；5 000 万元以上 1 亿元以下的村有 10 个；1 000 万元以上 5 000 万元以下的村有 22 个；500 万元以上 1 000 万元以下的村有 19 个；100 万元以上 500 万元以下的村有 33 个；100 万元以下的村有 13 个。

四川省百强名村集体年均经营性收入为 382.22 万元。其中，村集体年经营性收入 1 亿元以上的村有 1 个；1 000 万元以上 1 亿元以下的村有 3 个；500 万元以上 1 000 万元以下的村有 6 个；100 万元以上 500 万元以下的村有 23 个；100 万元以下的村有 67 个。

四川省百强名村人均年可支配收入为 1.76 万元。其中，农民人均可支配收入 5 万元以上的村有 1 个；3 万元以上 5 万元以下的村有 3 个；2 万元以上 3 万元以下的村有 24 个；1 万元以上 2 万元以下的村有 65 个；1 万元以下的村有 7 个。

四川省百强名村村域内新型经营主体年均收入达到 1.34 亿元。其中，村域内新型经营主体年收入 50 亿元以上的村有 1 个；10 亿元以上 50 亿元以下的村有 1 个；1 亿元以上 10 亿元以下的村有 13 个；5 000 万元以上 1 亿元以下的村有 9 个；1 000 万元以上 5 000 万元以下的村有 48 个；1 000 万元以下的村有 28 个。

从发展水平上看，截至 2016 年年底，四川省百强名村适度规模经营面积比例达到 70.8%。从民生水平上看，安全住房保障率、农村通组路通达率、适龄学生义务教育入学率、新型农村合作医疗参保率均接近 100%。从绿色水平上看，绝大多数百强名村的农村垃圾处理率与农村排污处理率均在 90% 以上。从治理水平上看，四川省百强名村都各自拥有健全的村民自治机制，村"两委"群众满意率均在95%以上。

四川省百强名村集体经济资产分布、集体年经营性收入分布分别如图6-6和图6-7所示。

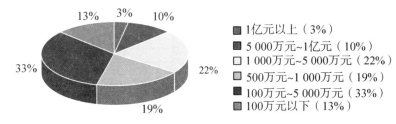

图6-6　四川省百强名村集体经济资产分布

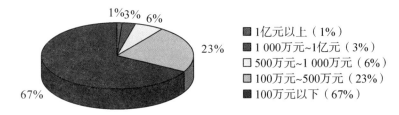

图6-7　四川省百强名村集体年经营性收入分布

三、四川省百强名村发展经验总结

1. 经济发展范式分析

（1）以农业为主导的经济发展范式。以农业为主导的经济发展范式，即在村域经济结构中，现代农业产值占较大比重，并成为支柱产业的发展范式。这种发展范式的村庄（社区），其地理位置一般距离当地的中心城市较远，不具备发展现代工业的基础条件，但是土地资源、农产品资源、人力资源比较丰富，适合发展劳动密集型的农产品加工业、生态农业、园艺设施农业等涉农产业。这样的村，由于明确了发展现代农业的目标，理清了发展现代农业的思路，找准了发展方向，结合本村的资源优势和产业优势，坚持走产业化经营的农业发展道路，从而使村域经济不断发展壮大。

例如，攀枝花市东区银江镇阿署达村通过引导村民积极组建专业合作社，大力发展产业协会，打造"企业+基地+农户""专业合作社+农户"的生产模式，提高了农业产业组织化水平，保障农民稳定收入。目前，该村共有芒果种植基地1 000 余亩，桂圆种植基地 700 余亩，平均亩产值超过 1 万元。同时，该村引进攀枝花希望农业公司、大祥果品公司等企业发展台湾特色水果，建成莲雾基地1 200 亩，年产量达 10 吨以上；成功引进释迦、芭乐、杨桃等热带水果，年产量50 余吨，年销售收入达 500 万元。

（2）以服务业为主导的经济发展范式。在农村地区，由于地理区位、自然条件、资源禀赋、社会资本、劳动技术、经济基础等条件的差异，有的村既没有发展工业产业的基本条件，也没有发展现代农业的基础条件，更不适合就地发展房地产行业，于是发展乡村文化和生态旅游、物流、租赁、投资、信息等，便成为这类村庄的最佳选择。其中的一些村取得巨大成功，从此告别了贫穷落后。

例如，广汉市三水镇友谊村通过组建新型农村集体经济组织，将村集体经营性资产 1 521 万元量化到 3 594 名集体经济组织成员，人均持股 3 000 股，村民持股占 70.9%。该村通过"一清、二改、三统、四融"改革，吸引社会资金 2 亿多元到村投资，着力打造集垂钓基地、水上乐园、度假酒店于一体的 4A 级景区。3 年内村集体年收入由原来的 30 万元提高到 200 万元以上，"友谊模式"得到肯定。

（3）多元产业并举型经济发展范式。此类发展范式带有显著的综合性、多样化特征，是村域主导产业延伸产业链的必然结果，说明主导产业已经发展到比较成熟的较高层次。在多个产业中，存在主业（支柱产业）和副业（多个相关产业）。这种多业并举的前提条件是主业已经做强做大，并具备同步发展其他产业的经济与技术条件，而并不是在没有主业或主业很弱的条件下实行多业并举发展。

例如，彭州市龙门山镇宝山村通过 30 多年来改梯地、植绿树、开矿山、修电站、办工厂、兴旅游，历经艰苦奋斗，最初的村办集体企业逐步发展成为现代化股份制企业。到目前，该村形成了集水电开发、矿山开采、林产品加工、旅游开发等为一体的产业发展格局，拥有 26 家企业、固定资产达 98 亿元的综合性集团公司。截至 2016 年年底，该村三次产业总产值实现 64 亿元，村民人均收入达57 822 元。

又如，江油市大康镇星火村成立了江油市星火农业集团有限公司，集团公司股东 3 035 名,全为星火村村民。集团公司下设农业、苗木、旅游、设备租赁、建筑劳务、物业服务 6 个子公司,参股 1 个农业公司、1 个专业合作社,吸纳本村村民就业 1 520 人。2016 年,该村集体资产规模达到 1.02 亿元,村民分红 500 万元,全村农民人均纯收入达到 17 636 元。

2. 经济转型趋势分析

(1) 主导产业日趋工业化和技术高级化。

第一,农村工业产业向低能耗与低污染方向发展。随着工业的快速发展,资源、能源和环境的承载日益加重,客观上要求农村工业必须选择低能耗与低污染的发展方式,这已经成为四川省百强名村工业转型的一个趋势。

第二,农产品加工业向精细化、安全化和国际化方向深度拓展。食品加工业是带动农业产业化、调整农业结构、提高农产品附加值、实现农民增收的重要渠道,已经成为四川省百强名村的重点发展领域。

第三,农村工业主导技术向智能化、集成化、数字化与微型化转型。传统的制造技术已难以适应市场竞争的需求,新一代智能化、集成化的工业制造技术在四川省百强名村得到了广泛应用和迅速发展。

第四,农村工业设计范式向"新四化"方向发展。四川省百强名村工业设计采取的先导技术,可以概括为"新四化",即绿色化设计、人性化设计、技术与艺术并重化设计、个性化设计,其在未来一段时期内对于农村现代工业设计技术具有引领和示范作用。

(2) 产业布局日趋集群化、园区化和非农化。为促进本地产业集聚发展,近几年,四川省百强名村普遍采取了"土地向规模经营集中、工业向园区集中"的措施。"土地向规模经营集中"的主要途径是将村社分散的所有企业集中到经济园区,农民承包地经营权转让给经济合作社、股份合作社或其他专业经济组织,以便实施土地的集中管理、规模化经营和产业化发展。这样可以腾出大面积的农业用地与建设用地。企业与产业向园区集中的类型与方式可分为工业企业及其相关配套产业向工业园区集聚;农业企业及其配套产业向农业园区集中;服务业及其配套产业分别向骨干企业所在的园区集聚,也有独立建设的(如物流园区);技术研发中心通常与主导产业的企业安排在同一个园区,也有单独建设的(如技术研发基地、研究设计院、博士后工作站)。

(3) 土地经营方式日趋股份化和企业化。这种经营方式实际上是一种"两股一改+企业化"的复合型经营方式，已被四川省百强名村普遍采用。这说明，一方面，百强名村中的企业（包括原乡镇企业与后来兴建的许多村办中小企业）经过先后两次改制逐步走上规范化发展道路；另一方面，百强名村的土地适度规模流转与产业化经营发展到了一个较高的层次。土地流转规模化与农业经营企业化，标志着四川百强名村的土地流转与农村中小企业经营正在向现代企业制度迈进。

（4）农民就业与收入日趋本地化和多元化。四川省百强名村的农民非农产业就业比重近年来逐步提高，农民的职业身份正在发生变化。随着非农产业的发展，农民在未来职业选择的价值取向上正在趋于非农化。目前，部分农民已转变为村镇企业工人，部分农民成为农村新型经济体的负责人或经营者，多数农民则集三种身份（农民、职工、股东）于一身，农民收入渠道增多，收入水平显著提高。

第五节　四川省集体经济十强村评选过程说明

评选依据各参选村提供的申报材料，参照四川省集体经济十强村评选指标体系中的评分标准对各参选村进行评分，并按照分数由高到低进行排序。考虑到个别村的单项数据过高会对其他村评分产生重大影响和偏差，因此直接以满分计算，其余参选村按评分标准进行评分。最后我们将分数由高到低进行排序，选出的前 10 名即为四川省集体经济十强村。四川省集体经济十强村名单如表 6-4 所示。

表 6-4　　　　　　　　　四川省集体经济十强村名单

排名	村名
1	彭州市龙门山镇宝山村
2	成都市龙泉驿区大面街道东洪社区
3	成都市温江区万春镇天乡路社区
4	泸州市江阳区分水岭镇董允坝村
5	眉山市洪雅县高庙镇七里村

表6-4(续)

排名	村名
6	凉山州冕宁县复兴镇建设村
7	广汉市三水镇友谊村
8	成都市郫都区唐昌镇战旗村
9	遂宁市射洪县玉太乡木孔坝村
10	阿坝州九寨沟县漳扎镇漳扎村

一、四川省村社集体经济发展情况

1. 四川省农村集体经济发展总体情况

从 20 世纪 80 年代家庭联产承包责任制实施以来，四川省农村集体经济发展大体可划分为三个阶段：一是 20 世纪 80 年代初期至 20 世纪 90 年代中后期，不少村兴办了各类企业，村集体经济收入既有经营性收益，又有各种集体提留、统筹。二是从 20 世纪 90 年代中后期至 2002 年，随着国家宏观政策的调整和市场环境的不断变化，原村办企业大面积亏损，纷纷改制或破产，集体经济收入转变为以集体提留、统筹为主。三是 2002 年农村税费改革全面实施后，村集体各种提留、统筹逐年减少，至 2004 年全部取消，多数村失去了稳定的集体经济收入渠道，村级组织收入主要靠上级财政转移支付拨款。

2. 四川省集体经济十强村总体发展情况

从统计结果来看，截至 2016 年年底，四川省集体经济十强村集体资产总额为 111.52 亿元。从收入水平上看，村集体年均经营性收入为 3 433.7 万元，农民从村集体经济获得的人均收益为 12 270.4 元。从地域分布情况上看，四川省集体经济十强村主要集中在成都、泸州、眉山、凉山、德阳、遂宁、阿坝等地区。从村集体经济收入来源情况上看，村集体经济收入主要来源于开办企业等经营性收入、集体资源与资产的出租收入、对业主的服务性收入和征地拆迁收入等。从村集体经济支出使用情况来看，村集体经济支出主要用于基础设施建设、公共管理服务、发展集体经济、村组干部奖励、补贴工作经费、开展技能培训等项目。

二、四川省集体经济十强村发展经验总结

1. 四川省发展村社集体经济的现实意义

（1）传统增收渠道收窄背景下农民增收的新路径。随着我国经济发展进入新常态，支撑农民收入持续增长的传统渠道日益趋窄。就工资性收入而言，在我国宏观经济增速放缓的背景下，大量企业新增用工缺口开始收窄，农民工资性收入增长面临严峻挑战。就经营性收入而言，随着我国农村劳动力、农用物资等价格日益上涨，加之国内农产品价格普遍高于国际水平的现实情况，成本"地板"与价格"天花板"极大地压缩了农业生产经营的可盈利空间。亩均盈利能力和生产经营规模受限，使得以家庭为生产单位的小农经营难以实现农业经营效益的持续攀升。就转移性收入而言，由于我国支农财政支出增长有限，加之农村人口基数较大，转移性收入难以成为促农增收的重要渠道。因此，在充分保障农民对于集体经济的股权分红权利的基础上，通过激活村级集体经营性财产，发展壮大集体经济实力，增加农民股份性财产收入，成为当前农民增收新路径。

（2）"资本下乡"背景下乡村经济增长的内生动力。市场化改革后，农民生活成本增加，劳动力大量外流，村组力量弱化，治理环境恶化。面对这种严峻形势，着眼于改善村庄环境、增加农民收入，发展现代农业，中央决策层鼓励拥有资源禀赋优势的工商资本进入农业领域，这为工商资本提供了宽松的政策环境和巨大的政策红利。工商资本进入农业后会形成规模经济效应、知识溢出效应和社会组织效应，并对农业要素结构、生产效率、农民就业增收等方面产生积极影响。然而，仅依靠财政资本、工商资本以及金融资本等外生动力来推进农业发展是不够的。因此，发展和壮大村社集体经济，构建对外交流合作平台，可以实现与社会资本的有效对接，激发村社发展的内生动力，加快推动乡村发展。

（3）新型乡村治理体系下农民利益保障的新载体。工商资本下乡，在加快推进农业现代化和新农村建设进程的同时，也大力推动了"农民上楼"和"土地流转"，加快了新的村庄治理体系的形成，公司替代村庄成为基层治理的社会基础，对传统以小农经济为基础的"乡政村治"治理体系造成冲击。"资本下乡"背景下，乡村治理目标在一定程度上将违背公众利益，治理结果既不利于农村社会经济发展，也违背了基层民主的基本要求。因此，为了建构乡村治理的公共性，强化农民主体的话语权和参与权，可以通过发展壮大村社集体经济，将农民有序地组织起来，形成村庄主体性，使其成为新型乡村治理体系下农民利益保障的新载体。

2. 四川省集体经济十强村发展模式经验

（1）资产盘活的路子。这是指将村集体活动场所闲置的房产、废弃的中小学校、原村办企业遗留的厂房等闲置资产，采取租赁、承包经营、股份合作等多种方式进行盘活，使村集体存量资产合理流动和优化组合，实现集体资产保值增值，增加村集体收入。例如，成都市龙泉驿区大面街道东洪社区通过积极盘活有限的土地资源，流转东洪社区2组、7组、11组、12组土地约240亩，修建了富桥夜市、农贸批发市场和二手市场，主要经营小吃、百货、水果、批发蔬菜及农副产品、二手家具及家电，辐射了锦江区、成华区等区域，为周边居民生活带来了便利和实惠；同时建设商铺、综合楼约12 000平方米，完成了富桥小区的投资修建，占地60亩，属集体所有的商铺约3 000平方米，住宅约1 500平方米。2007年，东洪社区启动了惠王陵西路综合楼、铺面3 500平方米的修建工程，通过出租铺面实现收入120万元。

（2）资源开发的路子。这是指充分挖掘村域内的山、林、水、矿产、风景等自然资源潜力，采取村集体独资或吸收其他资金参股等形式进行综合开发，并通过集体统一经营或承包经营的方式，增加集体收入。例如，遂宁市射洪县玉太乡木孔坝村立足生态良好、环境优美的乡村自然资源，依托便利的交通和区位优势，投资3亿元，将螺湖半岛打造成集生态观光体验、乡村休闲度假、农业科普生产、运动养生养老多功能于一体的4A级国际精品农庄休闲度假区。木孔坝村通过将农村资源转化为旅游资本，将农业生产场所转化为休闲养生的景区；将城市的消费需求引入原本封闭贫困的乡村，真正实现生产、生活、生态的"三生融合"，成功带动周边农户实现产业脱贫。

（3）土地营运的路子。这是指在平等自愿、互惠双赢的基础上，采取土地入股、保底分红、集体提成的方式，引导和组织群众合理流转土地，联办产业基地，推进规模化、集约化经营，发展村集体经济。例如，凉山州冕宁县复兴镇建设村依托既有资源，成立农旺种养殖专业合作社，并下设种植专业合作社、养殖专业合作社和投资专业合作社；按照依法、自愿、有偿的原则，引导村民以承包地、村集体经济资产、现金等量化入股，在村内流转农户承包土地，大力发展种养结合的村集体经济，建成346亩蔬菜大棚、1 800亩水果基地，饲养PIC五元杂交瘦肉猪，年出栏 1.2 万头，集体积累资金 150 万元，固定资产 5 513 万元。2016 年，村集体经济收入 66 万元，村民人均纯收入 22 000 元（是周边农村的近 3 倍）。

（4）实体带动的路子。这是指通过创办企业实现村集体经济收入的增长。其形式一般可分为两种：一是依托其他大中型企业，村集体配套兴办小型加工企业和服务企业，构建村企互动、产业带动格局。二是自主创办企业。例如，成都市郫都区战旗村积极引导村民把土地集中到合作社，实行土地整理和市场化运作，引进了年产值上亿元的成都榕珍菌业公司和年接待旅游 20 余万人次的战旗第五季妈妈农庄等一批第一产业和第三产业互动项目，辐射火花、金星、横山等村建成万亩现代农业产业园，7 家企业入驻生产，形成了龙头企业带动农副产品产、加、销为一体的现代农业产业化发展格局。其解决本村及周边剩余劳动力 1 300 多人就业，实现务工收入 2 000 多万元。

（5）资本运作的路子。其主要特点是村集体通过将存量资金入股企业经营、购买资产、投资等形式增加集体收入。例如，阿坝州九寨沟县漳扎镇漳扎村与四川省石油管理局合资修建九寨避暑山庄，投资 4 700 万元，漳扎村占 49% 的股份，仅 2016 年漳扎村就分红 300 万元。2013 年，漳扎村投入上千万元完成魅力村寨风貌打造，打造出藏地文化酒吧、藏族餐饮店、民族工艺品加工制作、民族服饰展示为一体的多元化服务业态一条街。通过招商引资，投资 1 亿元的天源豪生大酒店、投资 5 亿元的九寨沟宋城千古情均于 2015 年开始营业，有效带动漳扎村乡村客栈、宾馆、餐饮业的快速发展。

（6）集体股份分红的路子。这是指在农村集体产权制度改革中，经过村民集体协商，将部分集体资产量化为集体股权，使得村集体经济组织所有者权益有了制度保障。例如，成都市温江区天乡路社区将集体所有的经营性资产、集体土地所有权量化确权到个人，股权股份分为"土地股""资产股"和"商铺股"，股民实行保底分红。通过实行股份合作制，集体经济收入由 2007 年的 30 万元增加到 2016 年 1 800 余万元，增长 60 倍；集体资产由 2007 年的 1 922.2 万元增加到 6 237.6 万元，增长 3.24 倍；农民人均收入由 2007 年的 4 446 元增长到 2016 年的 26 500 元，实现土地、商铺等资产收益的最大化，促进集体资产保值增值。

第三部分

献策：乡村振兴发展路径新建议

第七章 乡村振兴战略推进的
五种错误倾向与防范策略

在乡村振兴战略指引下，各级党委、政府开始开展乡村振兴规划及试点工作。从实践情况来看，当前存在以下几种值得警惕的错误倾向，需要从政策设计的角度加以规避，避免乡村振兴战略推进走入误区。

第一节 乡村产业升级的同质化和奢侈化倾向

我们在调查中发现，一些地方忽视乡村地域区位条件、特色资源禀赋和目标消费人群，全县几乎每个乡村都将发展休闲农业和乡村旅游、农村电商以及康养旅游作为发展方向。我们在一些地方调研发现，该区域打造了长达数十千米的所谓的"乡村品质旅游带"，布局了数十个"康养集聚区""乡村民宿组团"。一些地方在现代农业领域，跟风升级现象也比较严重，普遍认为传统种植的大田品种"过时了"，打着调整农业结构的旗号发展一些当下市场价格较高的特色品种。不是"一村一品""一村一业"，而是"多村一业""整乡推进"，走所谓的"集群化"和"规模化"的道路。2018 年，四川省很多农产品品种都出现了产量激增、销售困难的现象。例如，安岳柠檬、米易小番茄出现销售困难，甚至许多贫困地区普遍栽种的核桃及丘陵地区大量栽种的晚熟柑橘、葡萄都存在出现"谷贱伤农"的风险。

乡村产业升级的同质化，往往还伴随着产品和服务的奢侈化。一些地区在乡村产业升级过程中，打着有机健康的旗号发展所谓的"高端"及"天价"农副产品，开发所谓的高端个性的"高消费""精品"民宿酒店和旅游服务项目，将本是平常百姓享受的农副产品和乡村服务打造成奢侈化和"贵族化"的产品服务。试问能够消费得起二三十元一斤的蔬菜水果,上千元一晚的乡村酒店的人有多少?况且,如果同质化和奢侈化相叠加,升级后的产业和服务市场很容易出现供过于求的局面。

第二节　返乡下乡创业的盲目化和风险化倾向

我们调查发现,一些地方盲目地出台政策激励返乡、下乡创业,建设了农业创业园、大学生创业园、返乡创业基地和乡村创客孵化器,把过去招商引资、吸引企业那套模式照搬到了促进乡村创业上。一些地方还搞目标考核,将返乡农民工创业、"新农人"培育当做考核指标任务下达。一些地方为扶持农民工创业,政府用金融杠杆加以扶持,给予贴息贷款补贴。这造成一些返乡下乡创业主体真实贷款需求被放大,反而造成了运营风险的隐患。如果政府盲目鼓动返乡下乡创业,不仅可能让农民工、下乡中产阶层损失辛辛苦苦积攒下的收入,甚至出现因创业而返贫的现象。

第三节　乡村生态培育的景观化和城市化倾向

我们在调查中发现,不少地方为了彰显景观特色,斥巨资栽种价格高昂的各色珍贵苗木,打造"五彩化"乡村,生态景观建设成本极高。一些地方引入所谓的国际化景观设计团队,支付上千万元的景观园林设计和建设费用,打造乡村景观节点。某地一个具有"网红"潜质的村民聚集点,由香港设计师设计,据说还获得了一些设计大奖。该聚集点最大的特色在于在村民房屋的屋顶建设花园,可以称为四川"微田园"的空中版。我们在调查中发现,一户农户正在屋顶挖出泥土,重新做防水层,可谓费时又费力还不讨好。适宜城市化的景观设计并不见得适宜乡村田园,高昂的乡村生态建设和养护成本,容易引发乡村债务,甚至为腐败提供了温床。

第四节　乡村治理的项目化和样本化倾向

随着乡村振兴规划和试点的开展，特色小镇、田园综合体、农业产业园区、农业文化主题公园、乡村创业孵化器、电子商务平台建设等载体类项目成为当前项目和资金投放的重点领域。巨大体量的财政资金，对于试点区县来说无疑是一块"大蛋糕"，基层政府参与申报的积极性很高。同时，各类特色村镇、美丽乡村、生态村、文明村、农业农村品牌等评比活动也陆续开展，由于各种评选荣誉的品牌效益能够有效吸引社会各界的吸引力，甚至一些评选活动本身有一些配套的资金支持，基层政府有竞争申报的积极性。

围绕上级项目导向的工作方式，"向上看"而不是"向下看"，容易导致基层乡村振兴政策脱离当地实际。基层政府在申报项目和参与评比时，往往是比照上级要求和标准进行项目设计和推进，而不是因地制宜，根据当地发展的短板和老百姓需求去推进项目。一旦背离乡村发展规律，无法解决当地乡村老百姓最为迫切的需求，这类项目更容易沦为"政绩工程"，无法成为真正的"民生工程"。

第五节　乡村建设的资本化和公司化倾向

我们在调查中发现，由于前期农地流转规模较大、时间较长，甚至采用整村土地流转的方式引入外来资本经营农业项目，不仅当地农民收益较少，还要面临巨大的市场经营风险，一旦外来资本出现经营困难，甚至破产退出，将极大影响当地农民利益，这种情况已经在成都市发生。特别是现在农地普遍已经确权颁证，按照"四至清晰"的鱼鳞图确定了每个农户的地块位置。外来工商资本流转土地后，大都进行田块基础整理以及根据产业发展需要进行一些改造（小到沟渠建设，大到坡度调整，开挖水田和堰塘等），造成的直接后果就是农地产权证上的地块位置和形态发生变化，一旦工商资本经营状况不佳而退出经营，农户势必无法按照原有农地地块位置重新拿回土地。面对这种状况，农户普遍的反应是找基层政府解决问题，甚至出现影响乡村社会稳定的事件发生。

我们在对成都市的一些区县进行调查时发现，地方政府引入外来资本参与土地整理项目，将土地指标增值的收益大部分让渡给了外来资本。外来资本顺势而为，打着发展乡村田园综合体或现代农业产业园的旗号，打造所谓的"土地整理+聚居点建设+现代农业+乡村旅游地产"项目，获取土地指标收益、新区建设收益、农业项目扶持和地产项目收益等多重收益。这无疑背离了政策设立的初衷，让乡村建设沦为资本逐利的场所。

第六节　防范错误发展倾向的策略

上述五个方面错误倾向，是当前乡村建设中带有共性的问题，各地都不同程度存在，甚至有愈演愈烈之势，值得引起重视。为保证乡村振兴战略开好局、起好步，我们提出如下政策建议：

第一，构建乡村振兴产业全景数据平台，综合运用区块链监测和大数据管理技术，建立乡村产业微观主体、供求信息、空间信息、重点项目等基础数据系统，完善农村产业动态监测机制，实现农村产业发展有关数据的全面观测、智能呈现、及时更新、多向传递和实时反馈。

第二，返乡下乡的政策设计应提倡"就业"主导而不是"创业"主导，应加大返乡农民对乡村新产业、新业态、新模式在农业场景中应用的相关培训，建议返乡创业农民要用好、用足、用活国家各种农业保险补贴政策；构建下乡创业人员数据库，建立下乡创业风险预警机制与信息共享机制。

第三，将照搬城市建设"形象工程"和破坏乡村自然生态风貌行为纳入环保问责；对乡村生态建设领域公共财政投入资金进行重点审计，加强对乡村生态建设的群众满意度和带动农民增收绩效的量化评估。

第四，规范乡村振兴项目资金项目投放和各类评比工作，建议设立乡村振兴政策引导清单，在一个清单下明确乡村振兴框架下各类财政资金，项目申报标准、时间和流程；规范和精简各类评比、评估与表彰工作；统一制定乡村振兴战略指标体系。

第五，积极培育乡村建设的内生主体动力，大力发展乡村新型集体经济组织；以集体经济股份合作社为载体和平台，参与土地整理、流转以及乡村产业化项目建设中的增值收益分配；各种财政补贴扶持资金要以集体经济组织为主要投放主体和受益对象。

第八章 我国乡村绿色发展指标体系的构建与实证检验

第一节 引言

改革开放 40 年来，我国乡村发生了翻天覆地的变化。乡村经济发展的同时，也带来了新问题和新困境，尤其是粗放型经济发展方式造成乡村生态环境恶化，严重制约乡村振兴战略的实施进程。习近平总书记在党的十八届五中全会上提出创新、绿色、协调、开放和共享五大发展理念，走绿色发展之路已是迫在眉睫。改革开放以来第 20 个、进入 21 世纪以来第 15 个指导"三农"工作的"中央一号文件"《中共中央 国务院关于实施乡村振兴战略的意见》，对实施乡村振兴战略进行了全面部署，明确指出提高农业发展质量，推进乡村绿色发展，打造人与自然和谐共生发展新格局。2018 年 3 月 11 日，第十三届全国人民代表大会第一次会议通过的宪法修正案，首次将生态文明写入宪法，明确推动物质文明、政治文明、精神文明、社会文明、生态文明协调发展，把我国建设成为富强、民主、文明、和谐、美丽的社会主义现代化强国，实现中华民族伟大复兴。

国内学者对乡村绿色发展研究已有较为丰富的研究成果。胡鞍钢（2012）认为，绿色发展有其特定含义，既要发展，又要绿色。绿色发展以积累绿色财富和增加人类绿色福利为根本目标，以实现人与人之间的和谐、人与自然之间的和谐为根本宗旨。从这个意义上来说，绿色发展观是科学发展观。王玲玲等（2012）认为，绿色发展就是指要在生态环境容量与资源能够承受的范围之内，通过自然环境的保护来实现可持续发展的一种新的发展理念与发展模式。杨建林（2013）认为，绿色发展把生态发展作为第一原则，把人的全面发展作为出发点和落脚点，把发展的质与量有机结合，把人与自然、社会的和谐度作为判断标准。杨雪星（2015）认为，中国要想实现绿色转型，不仅要在科技方面进行的创新，还要对政治制度的改革以及新能源进行创新。杨平（2016）提出，绿色发展应坚持以人与自然的和谐统一为前提，在生态文明建设的领导下，通过营造一个良好的自然环境，建立健康有序发展的社会运行机制，促进社会发展，实现人的全面发展。综上所述，绿色发展研究的核心应是"人与自然"。

目前国内对乡村绿色发展的相关研究较少。易巧巧（2017）选取安徽省六安市霍邱县各乡镇村民为样本，围绕绿色环保、绿色生产、绿色消费和绿色开发四个维度，对当地村民绿色发展展开调查研究。郝静（2017）运用生态人类学和可持续发展的理论与方法，结合贵州省雷山县绿色发展实际情况，分析绿色发展的参与者和内容。刘春荣等（2018）剖析当前乡村绿色发展存在的问题及原因，提出发挥政府主导作用、转变产业发展方式、鼓励绿色科技创新、加强绿色文化建设、强化基层党组织凝聚力等一系列优化路径。李东雷和黄彩英（2018）针对河北省农民参与乡村经济绿色发展的积极性不高这一问题进行分析，从根植绿色发展理念和建立健全相应体制机制等方面提出对策建议。各地在乡村振兴进程中推进绿色发展的实践如雨后春笋（张艳萍，2016；夏敏雅，2017；江建民，2018；宗禾，2018；贺佳，2018；廉维亮，2018；王欣，2018）。各地实践亟须乡村绿色发展理论指导。乡村绿色发展水平如何衡量？四川省在实施乡村振兴推进绿色发展进程中，有何发展特色、优势与不足？因此，深入学习党的十九大精神和习近平总书记对四川省工作重要指示精神，构建我国乡村绿色发展指标体系，厘清四川省乡村绿色发展的优势和不足，助推四川省大力实施乡村振兴战略，推进乡村绿色发展具有重大意义。

第二节　乡村绿色发展指标体系的构建

一、指标选取与计算方法

本书将乡村绿色发展指标体系分为两级指标。一级指标包括全面涵盖乡村绿色发展的绿色资源、绿色生产、绿色开发、绿色流通、绿色消费、绿色环保共六个指标；二级指标是对一级指标的细化，包括化肥施用密度、农药施用密度、农业机械化水平等23个二级指标。

1. 绿色资源（B_1）

绿色资源指乡村蕴含的各种资源，用以反映乡村现有的资源状况，主要采用乡村绿化覆盖率、人均水资源占有量、人均农业用地三项指标进行测算。

（1）乡村绿化覆盖率。乡村绿化覆盖率指乡村绿化植物垂直投影面积与乡村占地总面积的比值，是反映乡村拥有的绿化资源的重要指标。计算公式如下：

乡村绿化覆盖率＝乡村绿化植物垂直投影面积/乡村占地总面积×100%

（2）人均水资源占有量。人均水资源占有量指乡村内的泉水、井水、河流、瀑布等蕴含的水资源总量与乡村常住人口的比值，是反映乡村拥有的水资源的重要指标。计算公式如下：

人均水资源占有量＝乡村水资源总量/乡村常住人口

（3）人均农业用地

人均农业用地指乡村中的农业用地面积与乡村常住人口的比值，是反映乡村拥有的农地资源的重要指标。计算公式如下：

人均农业用地＝乡村农业用地面积/乡村常住人口

2. 绿色生产（B_2）

绿色生产是一种可以实现资源节约、环境保护和经济增长并举且协调持续的新的生产方式。[①] 绿色生产用以反映乡村的生产效率及可持续程度。其主要采用化肥施用密度、农药施用密度、薄膜使用密度、耕地有效灌溉率、单位耕地面积机械总动力、单位土地面积粮食产出率、人均农林牧渔业产值七项指标进行测算。

（1）化肥施用密度。化肥施用密度指有效化肥的施用量与耕地面积的比值，是反映乡村生产中的可持续程度的重要指标。计算公式如下：

化肥施用密度＝有效化肥施用量/耕地面积

（2）农药施用密度。农药施用密度指农药的施用量与耕地面积的比值，是反映乡村生产中的可持续程度的一个重要指标。计算公式如下：

农药施用密度＝农药施用量/耕地面积

（3）薄膜使用密度。薄膜使用密度指乡村薄膜使用量与乡村耕地面积的比值，是反映乡村绿色生产程度的重要指标。计算公式如下：

---

① 郑风田. 绿色生产是农业供给侧结构性改革成功的关键 [J]. 中国党政干部论坛, 2017 (1)：84-85.

薄膜使用密度=乡村薄膜使用量/乡村耕地面积

（4）耕地有效灌溉率。耕地有效灌溉率指乡村耕地灌溉面积与乡村耕地面积的比值，是反映乡村耕地灌溉率的重要指标。计算公式如下：

耕地有效灌溉率=乡村耕地灌溉面积/乡村耕地面积×100%

（5）单位耕地面积机械总动力。单位耕地面积机械总动力指乡村农业机械总动力与乡村耕地面积的比值，是反映乡村机械化程度的重要指标。计算公式如下：

单位耕地面积机械总动力=乡村农业机械总动力/乡村耕地面积

（6）单位土地面积粮食产出。单位土地面积粮食产出指乡村粮食总产量与乡村播种面积的比值，是反映乡村生产效率的重要指标。计算公式如下：

单位土地面积粮食产出=粮食总产量/播种面积

（7）人均农林牧渔业产值。人均农林牧渔业产值指乡村农林牧渔业总产值与乡村常住人口的比值，是反映乡村生产力的重要指标。计算公式如下：

人均农林牧渔业产值=乡村农林牧渔业总产值/乡村常住人口

3. 绿色开发（B_3）

绿色开发指乡村协调可持续的投资开发，主要采用处理农业废弃物沼气占比、退耕还林面积率、农村人均改厕的政府投资、农村教育经费支出总额四项指标进行测算。

（1）处理农业废弃物沼气占比。处理农业废弃物沼气占比指乡村处理农业废弃物沼气工程沼气用量与乡村沼气总产出的比值，是反映乡村对沼气能源的开发利用情况的重要指标。计算公式如下：

处理农业废弃物沼气占比=农业废弃物沼气工程沼气用量/沼气总产出

（2）退耕还林面积率。退耕还林面积率指乡村退耕还林的土地面积与乡村耕地总面积的比值，是反映乡村退耕还林开发程度的重要指标。计算公式如下：

退耕还林面积率=乡村退耕还林的土地面积/乡村耕地总面积×100%

（3）农村人均改厕的政府投资。[①] 农村人均改厕的政府投资是政府对乡村改厕的投资总额与乡村常住人口的比值，是反映乡村厕改程度的重要指标。计算公式如下：

---

① 李晓西，潘建成. 中国绿色发展指数的编制［J］. 经济研究参考，2011（2）：36-64.

乡村人均改厕的政府投资＝乡村改厕的政府总投资/乡村常住人口

（4）农村教育经费支出总额。农村教育经费支出总额指政府对乡村在教育方面的投资经费总额，是反映政府对乡村教育开发力度的重要指标。

4. 绿色流通（B_4）

绿色流通反映乡村道路与信息网络的流通水平，主要采用通邮行政村覆盖率、人均道路面积、开通互联网宽带业务行政村占比三项指标进行测算。

（1）通邮行政村覆盖率。通邮行政村覆盖率指某地已通邮的行政村数量与乡村总数的比值，是反映乡村物流发展水平的重要指标。计算公式如下：

通邮行政村覆盖率＝已通邮的行政村数量/地域乡村总数×100%

（2）人均道路面积。人均道路面积指乡村中通车的道路里程与乡村常住人口的比值，是反映乡村交通便利程度的重要指标。计算公式：

人均道路面积＝乡村通车道路里程/乡村常住人口

（3）开通互联网宽带业务行政村占比。开通互联网宽带业务行政村占比指某地连通互联网的乡村数量与乡村总数的比值，是反映乡村信息化与网络化程度的重要指标。计算公式如下：

开通互联网宽带业务行政村占比＝某地开通互联网的乡村数量/地域乡村总数×100%

5. 绿色消费（B_5）

绿色消费指反映乡村居民绿色环保意识的消费，主要采用人均用水消费量、人均用电消费量、教育文化娱乐消费支出比率三项指标进行测算。

（1）人均用水消费量。人均用水消费量是乡村用水总量与乡村常住人口的比值，是反映乡村消耗水资源的重要指标。计算公式如下：

人均用水消费量＝乡村用水总量/乡村常住人口

（2）人均用电消费量。人均用电消费量是乡村用电总量与乡村常住人口的比值，是反映乡村消耗电力资源的重要指标。计算公式如下：

人均用电消费量＝乡村用电总量/乡村常住人口

（3）教育文化娱乐消费支出比率。教育文化娱乐消费支出比率是乡村人均教育文化娱乐消费支出与乡村人均消费支出的比值，是反映乡村文教消费水平的重要指标。计算公式如下：

教育文化娱乐消费支出比率＝乡村人均教育文化娱乐消费支出/乡村人均消

费支出×100%

6. 绿色环保（B_6）

绿色环保反映乡村在环境保护工作方面的整治效率，主要采用处理生活污水的行政村比例、处理生活垃圾的行政村比例、农村环保投入占比三项指标进行测算。

（1）处理生活污水的行政村占比。处理生活污水的行政村占比指某地域对生活污水进行处理的乡村数量与地域乡村总量的比值，是反映乡村环保效率的重要指标。计算公式如下：

处理生活污水的行政村比例＝对生活污水进行处理的乡村数量/地域乡村总数×100%

（2）处理生活垃圾的行政村占比。[①] 处理生活垃圾的行政村占比指某地域对生活垃圾进行处理的乡村数量与地域乡村总量的比值，是反映乡村环保效率的重要指标。计算公式如下：

处理生活垃圾的行政村比例＝对生活垃圾进行处理的乡村数量/地域乡村总数×100%

（3）农村环保投入占比。农村环保投入占比指乡村用于环境保护的投入额与乡村总的财政投入额的比值，是反映乡村环保支持力度的重要指标。计算公式如下：

乡村环保投入占比＝乡村环保投入/乡村财政总投入×100%

二、指标权重赋值

本书采用层次分析法来确定各指标权重。层次分析法中，需要对各项二级指标进行打分赋值，即需对每一个指标划分得分区间，然后根据各指标具体数值落在哪个区间范围内确定其得分值。本书采用简便计算的方法，对不同区间赋予确定值，对每个指标划分 5 个得分区间。如表 8-1 所示，以化肥施用密度这一逆指标为例，当某省（市、区）化肥施用密度实际值小于等于 0.3 时，赋值 100；在 0.3～0.45 时，赋值 90；在 0.45～0.6 时，赋值 70；大于 0.75 时，赋值 60。其他各指标依次类推。

① 刘棣子. 乡村振兴战略的全域旅游：一个分析框架［J］. 改革，2017（12）：80-92.

表 8-1　　　　　　　　　　　二级指标专家赋分表

二级指标＼赋分	100	90	80	70	60
化肥施用密度	≤0.3	0.3～0.45	0.45～0.6	0.6～0.75	>0.75
农药施用密度	≤0.01	0.01～0.02	0.02～0.03	0.03～0.04	>0.04
薄膜使用密度	≤0.01	0.01～0.02	0.02～0.03	0.03～0.04	>0.04
耕地有效灌溉率	>0.85	0.7～0.85	0.55～0.7	0.4～0.55	≤0.4
单位耕地面积机械总动力	>11.5	9.5～11.5	7.5～9.5	5.5～7.5	≤5.5
单位土地面积粮食产出	>6.75	6～6.75	5.25～6	4.5～5.25	≤4.5
人均农林牧渔业产值	>2.7	2.2～2.7	1.7～2.2	1.2～1.7	≤1.2
处理农业废弃物沼气占比	>0.7	0.5～0.7	0.3～0.5	0.1～0.3	≤0.1
退耕还林面积率	>1.5	0.5～1.5	0.15～0.5	0.05～0.15	≤0.05
农村人均改厕的政府投资	>20	15～20	10～15	5～10	≤5
农村教育经费支出总额	>750	550～750	350～550	150～350	≤150
人均用水消费量	≤400	400～600	600～800	800～1 000	>1 000
人均用电消费量	≤400	400～600	600～800	800～1 000	>1 000
教育文化娱乐消费支出比率	>14	11～14	8～11	5～8	≤5
开通互联网宽带行政村占比	>100	95～100	90～95	85～90	≤85
通邮行政村覆盖率	>100	95～100	90～95	85～90	≤85
人均道路面积	>25	20～25	15～20	10～15	≤10
乡村绿化覆盖率	>25	20～25	15～20	10～15	≤10
人均水资源占有量	>5 000	3 500～5 000	2 000～3 500	500～2 000	≤500
人均农业用地	>1.5	1.1～1.5	0.7～1.1	0.3～0.7	≤0.3
处理生活污水的行政村占比	>26	19～26	12～19	5～12	≤5
处理生活垃圾的行政村占比	>85	70～85	55～70	40～55	≤40
农村环保投入占比	>0.14	0.11～0.14	0.08～0.11	0.05～0.08	≤0.05

三、指标体系及权重

本书利用专家赋分和层次分析法系统计算，结合国内已有文献对相关发展指标的研究成果，形成了本书的乡村绿色发展指标体系及权重（见表8-2）。一级指标中有绿色环保（B_6）的权重 0.246 和绿色生产（B_2）的权重 0.223 超过 0.2；绿色开发（B_3）的权重 0.189、绿色消费（B_5）的权重 0.157 和绿色资源（B_1）的权重 0.103 介于 0.1～0.2；绿色流通（B_4）的权重为 0.082，是目前一级指标中权重最低的。

表8-2　　　　　　　　　　乡村绿色发展指标体系及权重

一级指标	一级指标权重	二级指标	二级指标权重	单位
绿色资源（B_1）	0.103	乡村绿化覆盖率（C_{11}）	0.469	%
		人均水资源占有量（C_{12}）	0.273	立方米/人
		人均农业用地（C_{13}）	0.255	公顷/人
绿色生产（B_2）	0.223	化肥施用密度（C_{21}）	0.172	吨/公顷
		农药施用密度（C_{22}）	0.178	吨/公顷
		薄膜使用密度（C_{23}）	0.152	吨/公顷
		耕地有效灌溉率（C_{24}）	0.074	%
		单位耕地面积机械总动力（C_{25}）	0.127	千瓦/公顷
		单位土地面积粮食产出（C_{26}）	0.105	吨/公顷
		人均农林牧渔业产值（C_{27}）	0.192	元/人
绿色开发（B_3）	0.189	处理农业废弃物沼气占比（C_{31}）	0.373	%
		退耕还林面积率（C_{32}）	0.174	%
		农村人均改厕的政府投资（C_{33}）	0.286	元/人
		农村教育经费支出总额（C_{34}）	0.167	万元
绿色流通（B_4）	0.082	通邮行政村覆盖率（C_{41}）	0.374	%
		人均道路面积（C_{42}）	0.341	平方米/人
		开通互联网宽带业务行政村占比（C_{43}）	0.285	%

表8-2(续)

一级指标	一级指标权重	二级指标	二级指标权重	单位
绿色消费（B_5）	0.157	教育文化娱乐消费支出比率（C_{51}）	0.262	%
		人均用水消费量（C_{52}）	0.335	立方米/人
		人均用电消费量（C_{53}）	0.403	千瓦时/人
绿色环保（B_6）	0.246	处理生活污水的行政村占比（C_{61}）	0.242	%
		处理生活垃圾的行政村占比（C_{62}）	0.321	%
		农村环保投入占比（C_{63}）	0.437	%

第三节　乡村绿色发展实证检验

一、各省（市、区）乡村绿色发展总体情况

本文构建6个一级指标、23个二级指标，结合《中国统计年鉴》（2016年）、《中国环境统计年鉴》（2016）等数据，利用专家打分和层次分析法，对2015年度我国30个省（市、区）乡村绿色发展各项指标进行测算评价（见表8-3）。西藏、港澳台地区由于部分数据缺乏，未列在表中。

浙江（86.87）、江苏（86.45）两个东部地区省份综合得分均超过85分名列前茅，浙江以0.42分的微弱优势居于榜首；山东（84.71）、北京（84.49）、天津（84.07）、上海（83.98）这四个东部地区省份紧随其后；中部地区省份安徽（83.10）位列第7名，西部地区省份四川（81.93）位列第8名，是该地区唯一跻身前10名的省份；东部地区福建（81.13）、广东（80.92），东北地区辽宁（80.00）刚好在80分线上。湖北、湖南、江西等中部地区位列第10~20名的中间段位；而贵州、青海、甘肃等大部分西部地区乡村绿色发展综合得分垫底，排名在25名开外，得分也低于76分。

为了更进一步区分各省（市、区）乡村绿色发展水平，我们按照乡村绿色发展综合得分及排名将30个省（市、区）划分为四个梯队。如表8-4所示，第一梯队发展指数综合得分大于（含）85分，有浙江和江苏两个省；第二梯队发

展指数综合得分大于（含）80 分且小于 85 分，有山东、北京、天津、上海、安徽、四川、福建、广东、辽宁共 9 个省（市、区）；第三梯队发展指数综合得分大于（含）77 分且小于 80 分，有湖北、海南、重庆、吉林、湖南、江西、黑龙江、河北、内蒙古、广西、新疆共 11 个省（市、区）；第四梯队发展指数综合得分小于 77 分，有宁夏、河南、云南、陕西、贵州、山西、青海、甘肃共 8 个省（市、区）。

　　除海南和河北两省位于第三梯队外，绝大部分东部地区省份位于乡村绿色发展第一梯队和第二梯队；中部地区只有安徽、西部地区只有四川跻身第二梯队；除山西和河南位于第四梯队、安徽位于第二梯队外，其余中部地区省（市、区）全部位于乡村绿色发展第三梯队；第四梯队中除了中部地区的山西和河南两省外，其余省（市、区）全部位于我国西部地区。由此可见，我国乡村绿色发展水平与地缘和经济水平比较一致，呈现东部地区>中部地区>西部地区的状态。

表 8-3　　　　30 个省（市、区）乡村绿色发展指数综合得分与排名

省份	综合得分	排名	省份	综合得分	排名
浙江	86.87	1	湖南	78.62	16
江苏	86.45	2	江西	77.98	17
山东	84.71	3	黑龙江	77.98	18
北京	84.49	4	河北	77.67	19
天津	84.07	5	内蒙古	77.38	20
上海	83.98	6	广西	77.17	21
安徽	83.10	7	新疆	77.03	22
四川	81.93	8	宁夏	76.79	23
福建	81.13	9	河南	76.61	24
广东	80.92	10	云南	76.06	25
辽宁	80.00	11	陕西	76.02	26
湖北	79.74	12	贵州	75.58	27
海南	79.02	13	山西	75.13	28
重庆	78.67	14	青海	73.65	29
吉林	78.67	15	甘肃	72.73	30

表8-4 我国各省（市、区）乡村绿色发展梯队划分

第一梯队≥85分	浙江、江苏
80≤第二梯队<85分	山东、北京、天津、上海、安徽、四川、福建、广东、辽宁
77≤第三梯队<80分	湖北、海南、重庆、吉林、湖南、江西、黑龙江、河北、内蒙古、广西、新疆
第四梯队<77分	宁夏、河南、云南、陕西、贵州、山西、青海、甘肃

二、各省（市、区）乡村绿色发展一级指标分析

30个省（市、区）按照绿色资源、绿色生产、绿色开发、绿色流通、绿色消费、绿色环保6个一级指标综合得分的最大值、最小值、均值以及排名情况如表8-5所示，表中省份顺序是按照各省份首字母排序。

表8-5 30个省（市、区）乡村绿色发展一级指标得分表

省份	绿色资源		绿色生产		绿色开发		绿色流通		绿色消费		绿色环保	
	得分	排名	得分	排名	得分	排名	得分	排名	得分	排名	得分	排名
安徽	8.46	4	18.65	9	14.73	9	7.50	15	13.50	3	20.28	9
北京	8.38	6	16.65	28	14.16	17	7.73	2	12.96	11	24.60	1
重庆	7.21	28	18.51	12	14.22	15	6.94	24	13.38	5	18.41	15
福建	9.77	1	16.91	25	13.38	25	7.50	14	11.92	23	21.66	8
甘肃	7.26	27	16.87	26	13.66	23	6.61	28	12.98	9	15.36	30
广东	7.97	12	16.62	29	15.42	6	7.73	2	11.51	26	21.66	7
广西	8.04	10	18.01	17	12.63	29	7.19	23	12.98	8	18.32	16
贵州	7.76	16	17.95	18	14.68	11	7.19	22	12.64	14	15.36	29
海南	9.29	2	16.50	30	12.75	28	7.73	2	12.57	15	20.18	10
河北	6.93	30	18.52	11	14.40	14	7.19	21	12.33	19	18.30	18
河南	7.63	18	17.61	21	13.31	26	7.50	13	12.75	13	17.82	22
黑龙江	7.81	14	19.80	1	14.48	13	7.35	16	11.63	25	16.91	25
湖北	7.49	21	18.22	15	13.87	20	7.19	20	12.97	10	19.99	12

表8-5（续）

省份	绿色资源		绿色生产		绿色开发		绿色流通		绿色消费		绿色环保	
	得分	排名	得分	排名	得分	排名	得分	排名	得分	排名	得分	排名
湖南	7.97	11	18.81	7	14.73	9	6.91	25	12.98	7	17.22	23
吉林	7.26	26	19.70	2	14.85	8	7.50	12	12.45	17	16.91	24
江苏	8.39	5	19.56	3	15.48	4	7.73	2	10.69	29	24.60	1
江西	7.77	15	17.47	24	13.86	21	7.19	19	13.09	6	18.60	14
辽宁	7.48	22	19.20	5	14.15	18	7.73	2	11.29	27	20.16	11
内蒙古	7.52	19	19.47	4	16.20	2	5.62	30	10.58	30	17.99	19
宁夏	7.46	23	17.80	20	15.52	3	6.56	29	11.63	24	17.82	21
青海	8.37	7	18.09	16	11.34	30	6.89	27	13.61	2	15.36	28
山东	7.63	17	18.74	8	15.47	5	8.20	1	12.33	18	22.33	6
山西	7.41	24	17.52	23	12.90	27	6.89	26	12.12	20	18.30	17
陕西	6.99	29	17.61	22	13.66	22	7.19	18	12.75	19	17.82	20
上海	8.11	9	16.82	27	14.16	16	7.73	2	12.55	16	24.60	1
四川	7.27	25	18.48	13	15.05	7	7.19	17	14.54	1	19.39	13
天津	8.11	8	19.08	6	13.45	24	7.50	11	11.92	22	24.00	5
新疆	9.05	3	18.38	14	14.58	12	7.66	9	11.21	28	16.14	26
云南	7.82	13	17.85	19	14.14	19	7.50	10	13.39	4	15.36	27
浙江	7.49	20	18.57	10	16.56	1	7.73	2	11.92	21	24.60	1
最大值	9.77		19.80		16.56		8.20		14.54		24.60	
最小值	6.93		16.50		11.34		5.62		10.58		15.36	
均值	7.87		18.13		14.26		7.30		12.44		19.33	

　　绿色资源指标最大值是福建 9.77 分，最小值是河北 6.93 分，全国均值 7.87 分，名列前 10 位的省（市、区）依次是福建、海南、新疆、安徽、江苏、北京、青海、天津、上海、广西。绿色生产指标最大值是黑龙江 19.80 分，最小值是海南 16.50 分，全国均值 18.13 分，名列前 10 位的省（市、区）依次是黑龙江、

吉林、江苏、内蒙古、辽宁、天津、湖南、山东、安徽、浙江。绿色开发指标最大值是浙江16.56分，最小值是青海11.34分，全国均值14.26分，名列前10位的省（市、区）依次是浙江、内蒙古、宁夏、江苏、山东、广东、四川、吉林、湖南、安徽。绿色流通指标最大值是山东8.20分，最小值是内蒙古5.62分，全国均值7.30分，名列前10位的省（市、区）依次是山东、北京、广东、海南、江苏、辽宁、上海、浙江、新疆、云南。绿色消费指标最大值是四川14.54分，最小值是内蒙古10.58分，全国均值12.44分，名列前10位的省（市、区）依次是四川、青海、安徽、云南、重庆、江西、湖南、广西、甘肃、湖北。绿色环保指标最大值是北京、江苏、上海、浙江24.60分，最小值是甘肃15.36分，全国均值19.33分，名列前十的省（市、区）依次是北京、江苏、上海、浙江、天津、山东、广东、福建、安徽、海南。

第四节 四川省乡村绿色发展对比分析

一、四川省乡村绿色发展一级指标分析

四川在全国乡村绿色发展指标综合排名位居第8位，是西部地区唯一一个跻身第二梯队的省份。四川乡村绿色发展各项一级指标与全国最大值、最小值、均值对比如表8-6所示。四川绿色消费指标得分14.54分，位居全国第1位；四川绿色开发指标得分15.05分，高出全国均值0.79分，与全国最大值差1.51分，居全国第7位；四川绿色生产指标得分18.48分，高出全国均值0.35分，与全国最大值差1.32分，居全国第13位；四川绿色环保指标得分19.39分，仅高出全国均值0.06分，与全国最大值差5.21分，居全国第13位。四川绿色资源指标和绿色流通指标得分低于全国均值，排名很落后。绿色资源指标得分7.27分，低于全国均值0.60分，与全国最大值差2.50分，居全国第25位；绿色流通指标得分7.19分，低于全国均值0.11分，与全国最大值差1.01分，居全国第17位。大力实施乡村振兴战略，四川需要进一步发挥乡村绿色发展的优势和潜力，弥补短板和不足。

表 8-6 四川一级指标得分情况

一级指标	全国最大值	全国最小值	全国均值	四川得分	四川排名
绿色资源	9.77	6.93	7.87	7.27	25
绿色生产	19.80	16.50	18.13	18.48	13
绿色开发	16.56	11.34	14.26	15.05	7
绿色流通	8.20	5.62	7.30	7.19	17
绿色消费	14.54	10.58	12.44	14.54	1
绿色环保	24.60	15.36	19.33	19.39	13

二、四川省乡村绿色发展二级指标分析

我们进一步分析四川乡村绿色发展的优势和不足，围绕绿色资源、绿色生产、绿色开发、绿色流通、绿色消费、绿色环保共有 23 项二级指标进行深入研究，其中有 10 项二级指标低于全国均值，不良率高达 43.48%（见表 8-7）。

表 8-7 四川二级指标得分情况

一级指标	二级指标	全国			四川	
		最大值	均值	最小值	得分	均值差距
绿色资源	乡村绿化覆盖率	46.90	35.80	28.14	28.14	-7.66
	人均水资源占有量	27.30	20.66	16.38	21.84	1.18
	人均农业用地	25.80	19.55	15.48	20.64	1.09
绿色生产	化肥施用密度	17.20	14.33	10.32	15.48	1.15
	农药施用密度	17.80	15.96	10.68	17.80	1.84
	薄膜使用密度	15.20	12.46	9.12	13.68	1.22
	单位土地面积粮食产出	10.50	8.12	6.30	8.40	0.28
	耕地有效灌溉率	7.40	5.50	4.44	5.18	-0.32
	单位耕地面积机械总动力	12.70	9.57	7.62	8.89	-0.68
	人均农林牧渔业产值	19.20	15.36	11.52	13.44	-1.92

表8-7(续)

一级指标	二级指标	全国			四川	
		最大值	均值	最小值	得分	均值差距
绿色开发	处理农业废弃物沼气占比	37.30	28.72	22.38	26.11	-2.61
	农村人均改厕的政府投资	28.60	20.78	17.16	16.70	-4.08
	退耕还林面积率	17.40	12.64	10.44	13.92	1.28
	农村教育经费支出总额	16.70	13.30	10.02	16.70	3.40
绿色流通	开通互联网宽带业务行政村占比	37.40	34.53	22.40	33.66	-0.87
	通邮行政村覆盖率	34.10	32.96	20.46	34.10	1.14
	人均道路面积	28.50	21.57	19.95	19.95	-1.62
绿色消费	人均用水消费量	26.20	22.27	15.72	26.20	3.93
	人均用电消费量	33.50	26.47	20.10	30.15	3.68
	教育文化娱乐消费支出比率	36.27	30.49	24.18	36.27	5.78
绿色环保	处理生活污水的行政村占比	24.20	19.44	14.52	19.36	-0.08
	处理生活垃圾的行政村占比	32.10	25.36	19.26	28.89	3.53
	农村环保投入占比	43.70	33.79	26.22	30.59	-3.2

1. 绿色资源

四川绿色资源指标得分低于全国均值，排名很落后。绿色资源通过乡村绿化覆盖率、人均水资源占有量、人均农业用地三个二级指标来衡量。四川乡村绿化覆盖率低于全国平均值7.66分，差距较大；四川人均水资源占有量和人均农业用地得分略高于全国均值，分别高出1.18分和1.09分。因此，四川绿色资源指标得分仅为7.27分，低于全国均值0.60分，与全国最大值差2.50分，居全国第25位（见图8-1）。

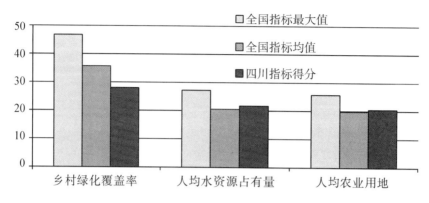

图 8-1　四川与全国绿色资源二级指标对比情况

2. 绿色生产

绿色生产采用了化肥施用密度、农药使用密度、薄膜使用密度、单位土地面积粮食产出、耕地有效灌溉率、单位耕地面积机械总动力和人均农林牧渔业产值七项二级指标。四川后三项二级指标得分低于全国均值，前四项二级指标得分略高于全国均值。因此，四川绿色生产指标得分 18.48 分，略高出全国均值 0.35分，与全国最大值差 1.32 分，居全国第 13 位，排名属中等略微偏上（见图 8-2）。

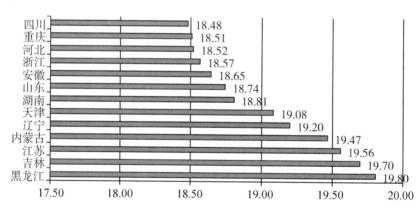

图 8-2　四川绿色生产指标得分及其在全国排名情况

3. 绿色开发

绿色开发采用了处理农业废弃物沼气占比、农村人均改厕的政府投资、退耕还林面积率、农村教育经费支出总额四项二级指标。四川处理农业废弃物沼气占比指标低于全国均值约9%，农村人均改厕的政府投资指标低于全国均值约20%，退耕还林面积率指标高于全国均值约10%，农村教育经费支出总额指标高于全国均值超过25%。因此，四川绿色开发指标得分15.05分，高出全国均值0.79分，与全国最大值差1.51分，居全国第7位（见图8-3）。

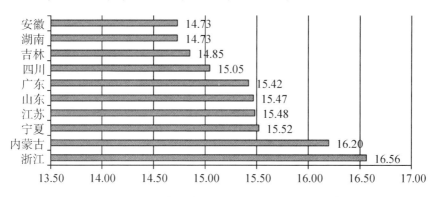

图8-3 四川绿色开发指标得分及其在全国排名情况

4. 绿色流通

绿色流通采用了开通互联网宽带业务行政村占比、通邮行政村覆盖率和人均道路面积三项二级指标。四川开通互联网宽带业务行政村占比指标和人均道路面积指标略低于全国均值，通邮行政村覆盖率指标略高于全国均值。因此，四川绿色流通指标得分7.19分，低于全国均值0.11分，与全国最大值差1.01分，居全国第17位，排名居于全国中等偏下位置（见图8-4）。

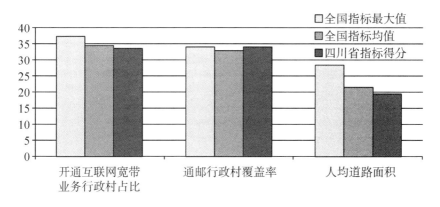

图8-4 四川与全国绿色流通二级指标对比情况

5. 绿色环保

绿色环保采用处理生活污水的行政村占比、处理生活垃圾的行政村占比和农村环保投入占比三项二级指标。四川处理生活污水的行政村占比指标略微低于全国均值，处理生活垃圾的行政村占比指标高于全国均值13.9%，农村环保投入占比指标低于全国均值约9.5%（见图8-5）。因此，四川绿色环保指标得分19.39分，仅高出全国均值0.06分，与全国最大值差5.21分，居全国第13位（见图8-6）。

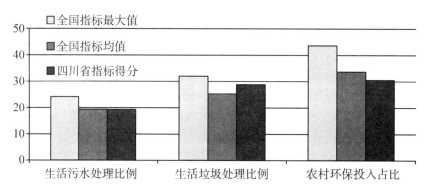

图 8-5　四川省绿色环保二级指标对比图

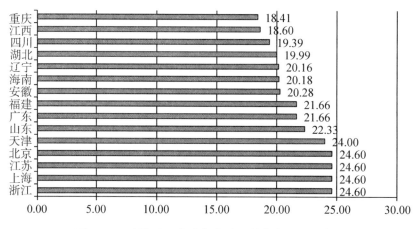

图 8-6　四川绿色环保指标得分及其在全国排名情况

三、四川与第一梯队乡村绿色发展对标分析

四川乡村绿色发展综合得分 81.93 分，居全国第 7 位。其中，绿色消费指标单项居全国第 1 位。四川乡村绿色发展整体成绩尚可，是唯一一个跻身第二梯队的西部地区省份。

深入学习党的十九大精神，践行习近平总书记对四川工作重要指示精神，四川还需进一步与第一梯队的浙江和江苏两省对比分析，找出差距和不足，有的放矢，书写四川篇章。

浙江乡村绿色发展综合得分 86.87 分，江苏乡村绿色发展综合得分 86.45，分别比四川得分高 4.94 分和 4.52 分（见表 8-8）。

表 8-8 　　　　　浙江、江苏与四川三省乡村绿色发展一级指标比较

省份	绿色资源		绿色生产		绿色开发		绿色流通		绿色消费		绿色环保		综合得分	综合排名
	得分	排名	得分	排名	得分	排名	得分	排名	得分	排名	得分	排名		
浙江	7.49	20	18.57	10	16.56	1	7.73	2	11.92	21	24.60	1	86.87	1
江苏	8.39	5	19.56	3	15.48	4	7.73	2	10.69	29	24.60	1	86.45	2
四川	7.27	25	18.48	13	15.05	7	7.19	17	14.54	1	19.39	13	81.93	7
最大值	9.77		19.80		16.56		8.20		14.54		24.60		86.87	
最小值	6.93		16.50		11.34		5.62		10.58		15.36		72.73	
均值	7.87		18.13		14.26		7.30		12.44		19.33		79.34	

从绿色资源指标来看，虽然浙江和四川都低于全国均值，但该项指标浙江仍比四川高 0.22 分，排名高 5 位。江苏绿色资源指标位居全国第 5 位，比全国均值高 0.52 分，比四川高 1.12 分（15.41%）。四川乡村绿化覆盖率指标得分很低，要践行"绿水青山就是金山银山"的乡村振兴理念，四川还需要加强美丽乡村建设，提高乡村绿化率。

从绿色生产指标来看，浙江、江苏和四川的得分均高于全国均值。江苏绿色生产指标居全国第 3 位，浙江居全国第 10 位，四川居全国第 13 位。江苏绿色生产指标得分比四川高 1.08 分。浙江绿色生产指标得分比四川高 0.09 分。四川耕地有效灌溉率、单位耕地面积机械总动力和人均农林牧渔业产值这三项二级指标

低于全国均值，影响四川从农业大省向农业强省跨越。

从绿色开发指标来看，浙江、江苏和四川的得分均高于全国均值且排名全国前列。虽然四川该项指标发展不错，但是与浙江和江苏两省相比仍有努力的空间。四川处理农业废弃物沼气占比指标和农村人均改厕的政府投资指标与全国均值相比差距很大。这些政策性开发项目需要各级政府发挥集体智慧，着力补齐短板。

从绿色流通指标来看，浙江和江苏得分相同，并列全国第2位，四川居全国第17位且得分比浙江和江苏低0.54分，比全国均值低0.11分。四川开通互联网宽带业务行政村占比指标和人均道路面积指标均低于全国均值，更低于浙江和江苏。四川需大力发展农村电子商务，向浙江和江苏学习，补齐短板。

从绿色环保指标来看，浙江和江苏得分相同，并列全国第一位，四川居全国第13位。四川绿色环保指标得分略高于全国均值。四川农村环保投入占比指标远低于全国均值，与浙江和江苏两省更差距巨大。

四川与浙江比较分析。四川仅有绿色消费一级指标居全国第1位，浙江有绿色开发和绿色环保两项一级指标居全国第1位，绿色流通一级指标居全国第2位。因此，四川仅有绿色消费指标得分高浙江2.62分，四川绿色环保指标得分低浙江5.21分，绿色开发指标得分低浙江1.51分，绿色流通指标得分低浙江0.54分，绿色资源指标得分低浙江0.22分，绿色生产指标得分低浙江0.09分（见图8-7）。

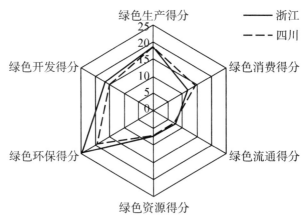

表8-7　四川与浙江乡村绿色发展一级指标对比情况

四川与江苏比较分析。四川仅有绿色消费一级指标居全国第 1 位，江苏绿色环保指标居全国第 1 位，绿色流通一级指标居全国第 2 位，绿色生产指标居全国第 3 位，绿色开发指标居全国第 4 位，绿色资源指标居全国第 5 位，仅有绿色消费指标一项在全国排名倒数第 2 位。因此，四川仅有绿色消费指标得分高江苏 3.85 分，四川绿色环保指标得分低江苏 5.21 分，绿色资源指标得分低江苏 1.12 分，绿色生产指标得分低江苏 1.08 分，绿色流通指标得分低江苏 0.54 分，绿色开发指标得分低江苏 0.43 分（见图 8-8）。

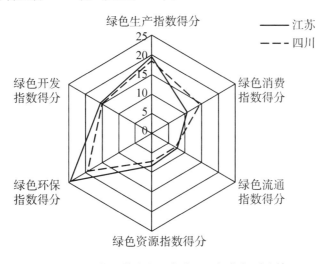

表 8-8　四川与江苏乡村绿色发展一级指标对比情况

第五节　促进四川省乡村绿色发展的对策建议

为深入学习贯彻习近平新时代中国特色社会主义思想和习近平总书记对四川工作重要指示精神，奋力推动治蜀兴川再上新台阶，面对四川乡村绿色发展涌现出的新情况和新问题，从历史和现实相贯通、理论和实践相结合的角度，基于乡村绿色发展指数体系和综合评价，深入思考如何把握新时代四川乡村振兴推动绿色发展，如何建设好生态文明落实绿色发展理念，如何让绿水青山成为金山银山，本书提出如下对策建议：

第一，加强绿色资源保护，夯实生态文明的基础。生态兴则文明兴，绿色资源是生态文明的基础。要让经济发展和资源环境保护同步推进，坚持在保护中发展，在发展中保护，实现经济发展和生态环境的双赢。这就要求四川各地在产业发展中，不管是工业、农业还是现代服务业，都要坚持生态优先，产业要符合自身发展，还要符合资源特征，符合互相协作等要求。同时，四川各地要重视提升乡村绿化覆盖率，抓好进村通道绿化和环村林带建设，培育村林生态文化。

第二，提升绿色生产能力，构建现代农业生产体系。四川粮食产能提高很快，但存在水土资源过度利用、农业面源污染和农业产值低等问题。化解这些矛盾，必须走绿色发展道路，强化物质技术装备支撑，构建现代农业生产体系。四川要加强农业综合生产能力建设，建立现代农业产业科技创新体系，加快农业机械化和信息化融合发展，提高农业经营的集约化、规模化、组织化水平，提高农业生产效益。

第三，深化绿色开发，完善绿色开发协调机制和支撑体系。绿色开发涉及多个政府行政部门和市场主体。当前四川绿色开发力度不够，绿色投资不足，政策协调机制不完善、不健全。因此，四川要加快建立绿色开发的法律制度和政策导向，建立健全绿色低碳循环发展的开发经济体系，构建市场导向的绿色技术创新体系，发展绿色金融，大力开发节能环保产业、清洁生产产业、清洁能源产业。

第四，构建绿色流通渠道，加强农村基础设施建设。物流成为末端最后一公里的掣肘。四川乡村各地情况错综复杂，农业基础设施建设不足。2018年"中央一号文件"明确指出"支持供销、邮政及各类企业把服务网点延伸到乡村""健全农产品产销稳定衔接机制""加快推进农村流通现代化"。四川要深入实施农村公路网络化、农村自来水普及和农村电网改造升级、农村信息通信推广等基础设施建设，提高乡村物流水平和农村电子商务水平，构建绿色流通渠道。

第五，加大绿色环保投入，加强环保宣传力度。按照村容美、生态美、人与自然和谐相处的要求，四川大力实施乡村绿化、庭院美化、水源净化、能源清洁化和产品无公害化等环保工程，需要继续加大政府环保投入力度，创新环保投入方式，积极引入社会资本和绿色金融产品进入乡村环保领域。四川要充分利用各种媒介，及时报道环境监管执法、污染防治和农村环境连片整治等先进经验，激励带动全民共同参与环境保护工作，使环境保护更加深入人心。

第六，倡导绿色消费理念，提升绿色消费水平。倡导绿色消费理念、扩大绿色产品消费规模、提升绿色产品消费水平是建设生态文明、促进绿色发展、创造美好生活的重要内容。四川要树立和践行"绿水青山就是金山银山"的理念，按照高质量发展的要求，加快建立绿色生产和消费的法律制度和政策导向，激励和引导绿色产品消费。四川要把绿色消费纳入全国节能宣传周、科普活动周、全国低碳日、环境日等主题宣传教育活动，开展新闻、网络媒体公益宣传，报道好的经验做法，加强舆论监督，不断增强公众循环再生意识，营造绿色消费良好社会氛围；同时，扩大绿色消费有效供给，提升循环再生产品质量。

第九章　全面提升基层党组织组织力的思考和探索

习近平总书记在党的十九大报告中指出："要以提升组织力为重点，突出政治功能，把企业、农村、机关、学校、科研院所、街道社区、社会组织等基层党组织建设成为宣传党的主张、贯彻党的决定、领导基层治理、团结动员群众、推动改革发展的坚强战斗堡垒。"这是党中央对党的基层组织建设的新部署、新目标、新定位、新举措，为全面加强基层党组织建设指明了方向，增添了动力。当前，只有以提升组织力为重点，打造党建引领乡村振兴的动力引擎，才能确保乡村振兴战略真正在农村落地生根，把乡村振兴的美丽蓝图变成新时代农村改革发展的现实图景。

第一节　深刻领会全面提升基层党组织组织力的重要性和紧迫性

组织力是组织生命力的具体体现。基层党组织组织力的强弱直接关系到党的创造力、凝聚力、战斗力、领导力、号召力的大小，对党执政兴国具有重要影响。1929 年 4 月，毛泽东同志在《红军第四军前委给中央的信》中，首次提出了"党的组织力"的概念，并在《论持久战》中把政治组织力的强弱作为抗日战争取得胜利的重要因素予以深刻论述。1943 年 11 月，毛泽东同志专门以《组织起来》为题做了重要讲话，强调要"把群众力量组织起来，这是一种方针"。2016 年 2 月，习近平总书记指出，要以"两学一做"学习教育为契机，使各级党组织书记把抓党员队伍建设的意识树起来、把责任扛起来，用好手中的"指挥棒"，激活基层党组织，增强基层组织力。这些重要论述，都深刻阐明了马克思主义政党提高基层党组织组织力的极端重要性。

高度重视提升基层党组织组织力、战斗力是党的建设的一条重要经验。土地革命战争时期，"三湾改编"把"支部建在连上"；抗日战争时期，"从群众中来，到群众中去""组织千百万群众进入抗日民族统一战线"；解放战争时期，"发动群众创造战场""放手发动群众，团结一切可以争取的力量"；社会主义革命建设改革时期，"调动一切积极因素，团结一切可以团结的力量"，坚持"提高党的战斗力的法宝""用坚定的信念，把人民团结起来"；党的十八大以来，"贯彻党要管党、从严治党方针，必须扎实做好抓基层、打基础的工作，使每个基层党组织都成为坚强战斗堡垒"，等等。这些重大思想和重大实践都是我们党强大领导力、组织力和战斗力的生动体现。

党的十九大着眼于新时代我们党进行伟大斗争、建设伟大工程、推进伟大事业、实现伟大梦想，对党的建设做出战略谋划和系统部署，把提升基层党组织组织力作为重大政治任务摆到全党面前。我们必须认真贯彻落实党的十九大精神，更加重视基层党组织建设，更加注重全面提升基层党组织组织力，坚持问题导向，抓住关键环节，持续用力，久久为功，使党的基层基础更加牢固。

第二节　提升基层党组织组织力的主要方面

一、坚持党管农村的原则，坚定不移把党的领导落实到基层

党的基层组织是政治组织，是党在社会基层组织中的战斗堡垒，是党的领导延伸到基层的重要载体。提升基层党组织的政治领导力，就是要发挥党的政治优势，把党的全面领导落实到各类社会基层组织。

党管农村工作是我们党的一个优良传统。确保党对新时代乡村振兴的坚强领导，最根本的就是要坚持党管农村的原则。新时代坚持党管农村原则，就要把解决好"三农"问题作为全党工作重中之重，把实现乡村振兴作为全党的共同意志、共同行动，坚持农业农村优先发展，在干部配备上优先考虑，在要素配置上优先满足，在资金投入上优先保障，在公共服务上优先安排，加快推进乡村治理体系和治理能力现代化，加快推进农业农村现代化，走中国特色社会主义乡村振兴道路，确保让农业成为有奔头的产业，让农民成为有吸引力的职业，让农村成

为安居乐业的美丽家园。

切实加强党组织对各领域社会基层组织的政治领导。在农村，坚持和健全农村重大事项、重要问题、重要工作由党组织讨论决定的机制，完善党组织实施有效领导、其他各类组织按照法律和各自章程开展工作的运行机制，坚决防止村级党组织弱化、虚化、边缘化现象。在城市，落实街道社区党组织领导本地区的工作和基层社会治理各项职责任务，领导和引领社区各类组织自我约束、自我管理、自我教育、自我服务。在非公有制企业和社会组织，把坚持党的领导与促进非公企业和社会组织健康发展有机结合起来，加强政治引领，保证监督党的方针政策和国家各项法律法规贯彻执行。

完善党的农村工作领导体制机制。要完善党领导农村工作体制机制，就必须健全党委统一领导、政府负责、党委农村工作部门统筹协调的农村工作领导体制，确保《乡村振兴战略规划（2018—2022年）》落实到位。必须建立实施乡村振兴战略领导责任制，确保党政一把手是第一责任人，"五级书记"抓乡村振兴。各级党委和政府要真正把实施乡村振兴战略摆在优先位置，坚持工业农业一起抓、城市农村一起抓，把农业农村优先发展原则体现到各个方面。各部门要按照职责，加强工作指导，强化资源要素支持和制度供给，做好协同配合，形成乡村振兴工作合力。

发挥农村基层党组织领导作用。农村基层党组织是宣传党的主张、贯彻党的决定、领导基层治理、团结动员群众、推动改革发展的坚强战斗堡垒。确保党对新时代乡村振兴的坚强领导，就必须发挥农村基层党组织领导作用，使农村基层党组织切实担负起乡村振兴宣传者、贯彻者、领导者、动员者、推动者的作用，确保党的意志、党的声音、党的要求及时到达基层一线，转化为党员、群众的行动和力量。

二、提升组织覆盖力，推动党的组织和党的工作全面覆盖

党的力量来自组织，组织能使力量倍增。实现新时代乡村振兴，必须提升党的组织覆盖力，推动党的组织有效嵌入农村各类社会基层组织，使党的工作有效覆盖农村社会各类群体，把农村基层党组织的组织优势、组织功能、组织力量充分发挥出来，把广大农村基层党员和领导干部的思想、行动、力量和智慧凝聚起来，齐心协力投身乡村振兴。

　　确保有效覆盖是锻造新时代农村党组织力量的前提。要按照"党员走到哪里，党组织就建设到哪里"的原则，不断扩大农村基层党建工作的覆盖面，把党的组织机构延伸到各个领域、各个行业，进一步加大党组织和党的工作在农村各个层面的覆盖密度，形成条块结合、覆盖各方的基层党建工作新格局，切实做到哪里有群众哪里就有党的工作，哪里有党员哪里就有党的组织，哪里有党的组织哪里就有党组织作用的充分发挥。要按照有利于加强党的领导、有利于开展党的组织生活、有利于党员教育管理监督、有利于密切联系群众的原则，将支部建在产业链上或专业协会中，也可在农业企业、农民专业合作社、农业社会化服务组织等中建立党组织。

　　提升党建质量是锻造新时代农村党组织力量的关键。针对部分农村基层党组织软弱涣散的问题，要认真落实基层党建工作责任制，持续做、反复抓，真正把每一个基层党组织建设成为教育党员的学校、团结群众的核心、攻坚克难的堡垒。要严肃党组织生活，把党的组织生活作为查找和解决问题的重要途径，落实"三会一课"、组织生活会、民主评议党员等基本制度，增强组织生活的政治性、时代性、原则性、战斗性。要按照扩大党员参与面、提高实效性的原则，不断创新适合时代要求和体现农村特色的基层党组织活动方式，使党组织活动更好地融入中心工作、融入党员需求、融入群众关切，构建同心同德推进乡村振兴的良好氛围。

　　三、提升群众凝聚力，让基层党组织真正成为群众的"主心骨"

　　提升基层党组织群众凝聚力，就是要使基层党组织深深植根于社会基层组织和广大人民群众之中，坚持党的根本宗旨不动摇，贯彻党的群众路线不偏离，把党的正确主张变成群众的自觉行动，组织引领群众听党话、跟党走。要认真落实党的各项惠民政策，着力解决群众生产生活中的困难和问题，扎实做好服务群众工作，切实维护群众切身利益。

　　有效发挥农村党员干部队伍作用是锻造新时代农村党组织力量的重要目标。要实施农村带头人队伍整体优化提升行动，选优配强基层党组织书记，注重从农村致富能手、大中专毕业生、返乡创业者、转业退伍军人等群体中发现、培养优秀人才，把真正想干事、能干事、干成事的优秀党员选拔到基层党组织带头人岗位上来。

通过建立健全相关管理、关爱、监督、考核激励机制，充分调动农村党组织带头人干事创业激情，使其成为群众的"主心骨"和"贴心人"，带领群众齐心协力、共同奋斗。要积极搭建平台，广泛开展党员设岗定责、依岗承诺等活动，积极引导广大党员切实发挥好先锋模范作用，通过他们走前头、做表率，带着群众干、做给群众看，团结带领广大群众全力实施乡村振兴战略。

要严格执行党的群众纪律，以铁的纪律规范党员、干部行为，坚决执行中央八项规定精神，持续反对"四风"。对于发生在群众身边的优亲厚友、吃拿卡要、执法不公、小官巨腐、宗族宗教势力干扰、"村霸"等不正之风和违纪违法问题，切实整治、严肃查处。

四、夯实群众基础，让农民成为乡村振兴的主力军

人民群众是真正的英雄，是历史的创造者，是社会发展前进的动力。动员群众，引导群众，团结群众，凝聚群众，是我们党做好各项工作的法宝。实现新时代乡村振兴，必须强化党的群众凝聚力，坚持以人民为中心，践行全心全意为人民服务的根本宗旨，把党的群众路线贯彻到乡村振兴之中，把党关于乡村振兴的正确主张变成农民群众的自觉行动，组织引领群众听党话、跟党走，依靠农民群众创造新时代乡村振兴的历史伟业。

实现新时代乡村振兴，绝不能让农民成为旁观者，而应让农民成为主力军，成为主要受益者。坚持农民在乡村振兴中的主体地位，既是以人民为中心的发展思想在乡村振兴战略中的体现，也是由乡村的独特属性和农业农村发展实际需要决定的。农村经济社会发展，说到底，关键在人；要通过富裕农民、提高农民、扶持农民，让农业经营有效益，让农业成为有奔头的产业，让农民成为体面的职业。在推进乡村振兴中，各级党组织应充分尊重农民意愿，提高农民综合素质，促进农民全面发展，充分调动农民的积极性、主动性、创造性，紧紧依靠亿万农民实现新时代乡村振兴。

"小康不小康，关键看老乡。"实现新时代乡村振兴，维护农民群众切身利益是根本，实现农民群众生活富裕是关键。要始终把维护农民群众根本利益、促进农民共同富裕作为出发点和落脚点，根据社会主要矛盾转化的新特点，按照抓重点、补短板、强弱项的要求，着力补齐民生社会事业短板，多为农民群众办实事、解难事、做好事，不断让人民群众有更多的获得感、幸福感和安全感，不断

满足人民日益增长的美好生活需要。各级党组织要始终把农民群众的利益诉求放在心中，不断提升服务农民群众的能力，让群众能够感觉到组织的魅力和力量，感到劳动有干头、生活有盼头、前程有奔头，真正享受到美好生活。

第三节　提升基层党组织组织力面临的困难和问题

面对新形势、新任务和新要求，抓实基层党建工作面临的责任更加重大、任务更加紧迫、意义更加深远。而在过去相当长的一段时间里，经过调研，我们发现在推进基层党建工作中还存在一些认识误区和实际问题。

第一，认识模糊。主要表现在两个方面：一是大党建理念树得不牢固。部分党员领导干部"抓好党建是最大政绩"的观念不强，在抓党建认识上存在误区，重业务、轻党建，党建责任和压力传导不彻底，缺乏用区域化大党建的思维和视野来看待基层党建工作，基层党建还不能完全适应乡村发展和社会治理需要。二是党建工作考核比重不突出。党的建设事关党的执政根基。在各级党组织的政绩考核体系中，党建工作考核比重偏小，不利于树立大抓基层的鲜明导向。

第二，工作"虚化"。个别基层党组织和党员干部缺乏严实作风，认为只有见到真金白银、快现成效变化才是"硬杠杠"，抓意识形态、搞基层党建则是"软指标"。因此，在推动党建责任落地和方式载体创新上，重形式、轻内容，重设计、轻落地，不能一以贯之地坚持下去；对出名挂号、锦上添花的事很"上心"，而对打基础、利长远的实在活不"感冒"，不愿持之以恒、久久为功。

第三，引领"弱化"。少数党员干部对党建工作胸中无数、把握不准、研究不深，就党建言党建、抓党建，"走到哪儿黑、就在哪儿歇"，不重视、不善于做团结群众、凝聚共识、争取人心的工作，导致党建工作与中心工作"两张皮"，没有拧成一股绳。个别基层党组织政治属性和服务功能不优，对资源整合、组织引领、人才培育缺少统筹谋划，缺乏"核心"意识、大局观念，没有同步提升辖区组织与群众的获得感与认同度。

第四，骨干缺乏。主要表现在两个方面：一是党建工作力量不足。由于基层事务繁重、人员配备较少，客观存在一岗多责或身兼数职现象，人员轮岗流动较为频繁，造成专职党务工作者较为缺乏，从而导致责任缺失，有的把党建工作当做"副业"来干,通常是蜻蜓点水,应付交差。二是党员教育管理弱化。党员结构老化严重,有的县(市、区)60岁以上党员占比近50%,参与组织生活积极性不高,面临日常管理难、参加活动难、教育引领难、作用发挥难的"四难"问题。

第四节 提升基层党组织组织力的案例

一、打好引领"组合拳",在强化功能中提升组织力

都江堰市充分发挥党组织领导核心和党员先锋模范作用,进一步强化政治功能和服务功能。

第一,积极探索党建引领基层治理的有效路径。都江堰市以院落(小区)、特色街区等为基础,按适度规模将全市城乡社区划分为1 438个治理"小单元",全域深化"一核多元、共治共享"基层治理机制,建立市—街道(乡镇)—社区—"小单元"党组织四级联动机制,采取党员创办领办社会组织、灵活党建组团、"党建+公益"社区双平台孵化等方式,推动党组织领导作用和社会组织服务功能有机融合,构建以党组织为核心、多元主体联动参与的基层治理体系。

第二,常态开展"旅游都江堰·你我同行"党员志愿服务活动。都江堰市开发党员志愿服务管理网站和微信平台,采取线下收集线上发布,将群众实际需求和党员服务精准对接。都江堰市已组建党员志愿服务队485支,平台注册登记志愿者2万余名,围绕城乡环境整治、旅游咨询服务、"双遗"马拉松、棚户区改造等开展活动1 100余场次,征集认领"微心愿"658个,服务群众及游客32 000余人次。

二、以党建品牌建设为抓手,推进基层党组织全面进步

青白江区通过以党建品牌建设为抓手,在实践中找准切入点,有效提升了党员群众对基层党建的感知度与认同度,推动了基层党建工作全面进步、全面过硬。

第一,推动了基层党建由"失序"向"定向"转变。党建品牌建设让基层党建工作更聚焦,改变了党建工作与中心工作结合不紧、方向不明的问题。弥牟镇白马村"三色白马"聚焦基层治理、祥福镇东方村"草根东方"聚焦产业发展、城厢镇十八湾村"我是党员我带头"聚焦环境整治等,这些品牌充分体现了党建引领的内涵和作用,党建对治理、发展、服务各方面的引领得到了充分体现和展示。

第二,推动了基层党建工作由"单打"向"共建"转变。党建品牌建设让更多的党员群众参与到基层党建中来。一方面,通过征求党员群众意见、开展党员群众满意度测评等形式,让党员群众来创建、经营、评判党建品牌,使得党员群众广泛参与到党建品牌的建设过程中,切身感知到党建的成效,增强人民群众的获得感。另一方面,创建党建品牌极大地推动了党组织的服务功能发挥。例如,姚渡镇光明村的"光明到家"、大同镇青龙村的"四问五到家"、大弯街道广场社区的"广场小红格"等,通过这些党建品牌的创建,实现了基层党组织与党员群众的有效沟通、良性互动。

第五节　提升基层党组织组织力的建议

党的十九大提出,以提升组织力为重点,突出政治功能,把各领域基层党组织建设成为宣传党的主张、贯彻党的决定、领导基层治理、团结动员群众、推动改革发展的坚强战斗堡垒。当前,必须以习近平新时代中国特色社会主义思想为根本遵循,坚持问题导向,创新方式方法,持续用力、久久为功,推动城市基层党建工作全面进步、全面过硬。

一、着力在推进党建资源整合联动上取得新突破

基层党建涉及领域多、涵盖范围广,必须着力构建协调联动的体制机制,实现各层级同频共振、各方面同向发力。一要优化四级党组织联动合力。发挥县(市、区)委"一线指挥部"作用,整合组织、宣传、统战、民政、群团等职能部门力量,巩固优化县(市、区)—乡镇(街道)—村(社区)—党小组四级联动体系,以上带下、以下促上,使基层党建的工作系统有机衔接、有序推进、有效运转。二要增强区域化党建联动活力。以乡镇(街道)社区党组织为核心,把区域内关系互不隶属、层级高低不同、领域多元多样的各类党组织联结起来,

完善区域化党建联席会议和兼职委员制度，推动乡镇（街道）社区党建、单位党建、行业党建互联互动。三要提高党组织资源统筹能力。由乡镇（街道）社区党组织牵头，会同驻区单位建立"1+1"或"1+N"的议事协调联动平台，推行"组织联建、党员联管、活动联办、人才联育、资源联用、产业联促、治理联抓"，不断提高统筹辖区资源能力。机关事业单位、国有企业党组织要发挥优势，示范带动，通过固定党日、结对共建、志愿服务、宣传宣讲等积极参与服务村（社区）发展治理。

二、着力在深化党建引领基层治理上开创新局面

始终坚持把准方向、激发活力，持续深化推广"一核多元、共治共享"基层治理机制。一要强化党建引领村（居）民自治。以适度规模的村组、院落（小区）甚至特色街区、商务楼宇等为基本单元，从脱贫攻坚、产业发展、城乡环境整治等群众身边事务入手，完善以党组织为核心、群众为主体，多方参与、良性互动的基层治理架构，共建品质社区、美丽社区。二要强化党建引领服务提升。在党组织领导下培育发展服务性、公益性、互助性社会组织，健全以党员干部为骨干，网格员为纽带，义工、社工、居民于一体的"1+1+N"基层服务团队，开展"组团式服务"。三要强化党建引领产业发展。围绕田园综合体等重点工程，聚焦重大项目建设、城市精细管理、乡村民宿旅游、特色产业发展等中心工作，通过组织引领、党员示范等方式，让党组织在引领产业发展上"开花结果"。

三、着力在完善建强过硬骨干队伍上实现新提升

事业发展，关键在人。要突出政治标准，强化教育管理，打造基层党建创新发展的骨干队伍。一要强化思想引领。把学习贯彻习近平新时代中国特色社会主义思想放在首位，采取专题培训、党员中心户、"互联网+党建"等有效形式，引领党员始终保持政治定力、追求崇高理想，积极参与村（社区）发展治理。二要严肃组织生活。严格落实党的组织生活基本制度，深化党支部规范化建设，持续推进支部和党员分类量化考评。全面摸排、动态掌握外来流动党员情况，分类健全流入、流出党员台账和管理制度，提升软硬件设施，为流入党员特别是游客党员参与"双报到""双重组织生活"和社区发展治理、旅游节庆活动等志愿

服务提供条件。三要加强激励关爱。坚持从严管理与关爱激励相结合，建立村（社区）工作者员额管理办法和薪酬动态增长机制，大力实施"四个一批"工程，着力建设一支素质优良、结构合理、群众满意的专业化村（社区工作者）队伍。

　　乡村治理是否有效直接关系到基层社会的稳定和发展，也关乎全社会的整合以及国家发展战略的实现，因此乡村治理历来是党和国家高度重视的议题。党的十九大报告提出乡村振兴战略，其中"产业兴旺、生态宜居、乡风文明、治理有效、生活富裕"是实施乡村振兴战略的总体要求，而治理有效则是实现乡村振兴的基本秩序保障。

　　我国的乡村治理大体经历了四个发展阶段，每个阶段的治理模式都有其时代烙印，并在特定历史时期发挥过作用。伴随着国家改革开放的进程和基层民主政治的推进，我国乡村社会发展取得举世瞩目的成就，但随着乡村社会急剧转型、社会利益集团分化、思想观念多元化、社会事务复杂化，这些都加大了乡村社会的治理难度。现有的乡村治理模式难以适应经济社会转型期乡村社会的变迁，导致乡村社会冲突加剧、基层民主推进缓慢、公共服务不足等问题，基层乡村治理陷入体制性紧张和系统性风险之中，乡村治理正面临严峻挑战。因此，围绕治理"有效"变革现有的乡村治理模式，是摆脱乡村治理困境，实现乡村振兴的必须。"自治、法治、德治"既是乡村治理有效的应有之义，也是治理有效的实现途径。

第十章 乡村治理有效：目标、挑战及其实现进路

乡村治理是否有效直接关系到基层社会的稳定和发展，也关乎全社会的整合以及国家发展战略的实现，因此乡村治理历来是党和国家高度重视的议题。党的十九大报告提出乡村振兴战略，"产业兴旺、生态宜居、乡风文明、治理有效、生活富裕"是实施乡村振兴战略的总体要求，而治理有效则是实现乡村振兴的基本秩序保障。

我国的乡村治理大体经历了四个发展阶段，每个阶段的治理模式都有其时代烙印，并在特定历史时期发挥过作用。伴随着国家改革开放的深入和基层民主政治的推进，我国乡村社会发展取得了举世瞩目的成就，但随着农业税改革和乡村社会的急剧转型，乡村社会的治理难度明显增加。现有的乡村治理模式难以适应经济社会转型期乡村社会的变迁，导致乡村社会冲突加剧、基层民主推进缓慢、公共服务不足等问题，基层乡村治理陷入体制性紧张和系统性风险之中，乡村治理正面临严峻挑战。因此，围绕治理有效，变革现有的乡村治理模式，以治理的有效性作为乡村治理的基本价值导向，是摆脱乡村治理困境、实现乡村振兴的必须。"自治、法治、德治"既是乡村治理有效的应有之义，也是乡村治理有效的实现途径。

第一节 乡村治理有效的表现及目标

党的十九大报告提出，要健全自治、法治、德治相结合的乡村治理体系。这不仅是实现乡村治理有效的内在要求，也是乡村振兴的终极保障。依据"自治、法治、德治"这一核心理念，有效的乡村治理应该在农村政治、经济和文化等方

面予以呈现。

一、治理机制内在统一

在一个有效的治理体系中，其不同层级的治理秩序之间不会有内在逻辑冲突。乡村治理作为国家治理体系的一部分，乡村治理秩序与国家治理秩序保持内在一致性才有可能实现治理有效。此外，由于中国历史上形成的城乡二元分治的客观存在，乡村治理成效受到了不同程度的削弱，因此有效的乡村治理还须打破城乡分治的体制性区隔，从而实现治理体系纵向、横向的有机统合。

二、村民自治真实充分

村民自治是实现乡村治理有效的政治基础，村民须依法充分享有并真实参与基层民主选举、民主决策以及民主监督。真实而充分的村民自治能提高村民参与治理的积极性，是治理有效的重要保障。

三、经济繁荣，生活富足

在过去相当长的时间里，中国农民的生存状况与"贫困"如影随形，因此有效的乡村治理首先体现在农村经济和农村产业的繁荣兴旺上，以此实现农民就业、创业和增收，解决农民的可持续生计问题；通过提振乡村经济的活力，提高农民生活水平，消除农民的"被剥夺感"，切实提高农民的获得感和幸福感，实现生活富足。

四、以法治村全面深入

乡村治理涉及一系列的制度安排，国家、地方政府、农村社区、村民等权利主体的责任和义务须经由法律予以规定确立，并通过严格透明的执法和独立公正的司法加以实现与保障。所有的治理环节均置于法律框架下运行，农民参与基层政治、表达利益诉求、维护权利、解决矛盾纠纷的合法途径顺畅，这既是乡村治理有效的前提保障，也是治理有效的具体表现。

五、乡村社会稳定有序

社会冲突的防范与化解是治理的基本任务，也是治理有效的重要体现。乡村的社会冲突受多种因素影响，各利益相关方在观念、利益等方面存在的差异性容易导致公共选择实践中的冲突。冲突加剧还是缓解，取决于能否建立有效的利益协调机制。能有效化解社会冲突与矛盾、利益协调机制运转良好的治理方为治理有效。

六、生态环境持续改善

中国的农村是环境污染和生态危机的重灾区，有效的乡村治理应能明显遏制农村生态环境恶化的趋势，青山绿水得以重现，环境宜居程度提升。

七、民风清正，陋习不存

中国乡村的传统习俗中有不少背离科学与文明的陈规陋习，而有效的乡村治理，必然在科学与文明的基础上实现。因此，乡村治理有效必须大力发展教育，摒除陈规陋习，促进乡村文明程度与道德水平的提升。

第二节　经济社会转型期乡村治理面临的困境和挑战

自 1987 年全国人大常委会颁布《中华人民共和国村民委员会组织法（试行）》（以下简称《村委会组织法》）以来，以村民自治为核心的乡村基层民主治理模式已经实行了超过 30 年。乡村社区治理是国家治理的一个重要组成部分，这一以自主、自治为特征的治理秩序可以解决基层群众作为个体无法应对、而市场和政府也很难解决的问题（塞缪尔·鲍尔斯 & 赫伯特·金迪斯，2011）。在既有村级治理结构下，村级公共事务的决策、执行以及村民诉求的表达，可以通过以村党支部和村委会为基本载体的机制来解决。然而，随着农村人口外出迁移以及农村税费体制变革，乡村治理实践陷入困境。一些地方出现"村委会自治"取代"村民自治"，导致"村民自治失灵"。村民委员会的"民主选举、民主决策、民主管理和民主监督"的实践，更多地体现为村民委员会选举的民主性，而民主决策、民主管理和民主监督尚未得到有效实施，因此引起人们对村民自治制度的质疑。

农村税费改革使得国家与农民关系发生变化，农村基层组织的运作逻辑也发生重大改变，带来乡村治理结构的重大变化。税费改革、机构精实，固然有助于减轻农民负担和政府行政成本，却也同时使得乡镇财政空壳化、乡村治理空心化。不少村集体经济薄弱，缺乏提供公共服务的经济能力，无力影响村民的生活，因此也就失去了将村民联系在一起的坚实纽带。国家与农民之间的关系逐渐疏离、村民对村干部及政府的信任度降低。基层政府与上级政府的信任关系受到破坏，农民与基层政府的信任关系受到破坏，不同层级政府组织之间的关系趋于紧张，民众与基层政府的关系趋于紧张。农民公民能力的不断成长，又加剧了这种紧张关系。一系列涉农政策，在推进过程中遭遇阻力，成为乡村社会冲突的导火索；而一些旨在化解冲突的制度安排，虽然起到了风险防控的作用，但维稳机制本身又催生出新的冲突，并且将一些不同利益群体之间的矛盾转化为与政府的矛盾。

村民大规模离乡外出打工和频繁的人口流动使得村委会选举的投票率降低，降低了乡村民主的质量。村民离开村庄，乡村与外界的关联日益紧密，这不仅影响农村家庭的生计，同时也对农村社区的权力结构产生显著影响。如果村民的利益主要源于其居住的村庄，其对于村民代表会与村委会的选举就会更加关注和重视。反之，如果外出务工的村民比例高，其自身利益主要是从村以外的地方获得时，那么他们对于村民代表会和村委会选举等公共事务的参与及关注就会降低（熊易寒，2012）。由于广大村民维系其家庭生计与发展的物质条件，与所在的村庄事务没有过多的牵连，因此缺乏足够的动机去关心村务以及参政议政、对村域公共权力的监督与制约。外出打工的村民既没有时间，也没有兴趣对家乡的政治操心。大规模的、频繁的人口流动使得村民共同体的意识流失，同时村民间的信任度也会降低，从而导致村级民主的质量下降。村民中的精英大多选择在城市就业，不少村委会缺乏能人，这导致村委会工作绩效不佳，往往令选民失望，进一步降低了村民投票率与支持度（熊易寒，2012）。当更多的村民离开或可能离开村庄时，村民之间的合作也变得越发不可能，于是村民共同体面临解体的危机。在空心化的村落，村民的集体行动很难展开，很难通过集资、共同劳动等方式完成修建公路、农田水利、学校等公共设施建设。

第三节　乡村治理有效的进路

实现乡村治理有效是推动农村稳定发展的基本保障。乡村治理有效才能真正为产业兴旺、生态宜居、乡风文明和生活富裕提供秩序支持，乡村振兴才能有序推进。

一、加强农村基层党组织建设

强化农村基层党组织领导核心地位，扎实推进抓党建促乡村振兴，突出政治功能；创新组织设置和活动方式，恢复总支以解决治理幅度过大带来的治理负荷过重问题，提升组织力，把农村基层党组织建成坚强战斗堡垒。实施农村带头人队伍整体优化提升行动，全面落实村级组织运转经费保障政策。让乡镇干部腾出手来做更多的事。

二、全面推进村民自治实践

坚持自治为本，加强农村群众性自治组织的建设，健全和创新村党组织领导的充满活力的村民自治机制。全面建立健全村务监督委员会，推行村级事务阳光工程。依托村民会议、村民代表会议、村民议事会、村民理事会、村民监事会等，形成民事民议、民事民办、民事民管的多层次基层协商格局。推动乡村治理重心下移，尽可能把资源、服务、管理下放到基层。维护村民委员会、农村集体经济组织、农村合作经济组织的特别法人地位和权利。通过改革或重构乡镇层级组织，让村民自治真正实现民主选举、民主决策、民主管理、民主监督，达到村民自我管理、自我教育、自我服务的目的。

三、严格践行以法治村

农民通过合法途径实现政治参与和诉求表达是以法治村的核心内容，也是乡村治理有效的重要指标。

农村治理法治化追求的目标是在党的领导下，按照法律的原则、精神、目的来治理农村政治、经济、文化、社会、生态文明建设中的各项事务，让法治成为农村治理的基本方式。法治机制融入农村，除了借助国家强制力强势介入，更重要的是要让农民自觉地参与其中，让法治成为农村治理中的基本准则，让守法依法成为一种习惯（周铁涛，2017）。

坚持法治为本，树立依法治理理念，强化法律在维护农民权益、规范市场运行、农业支持保护、生态环境治理、化解农村社会矛盾等方面的权威地位。增强基层干部法治观念、法治为民意识，将政府涉农各项工作纳入法治化轨道。深入推进综合行政执法改革向基层延伸，创新监管方式，推动执法队伍整合、执法力量下沉，提高执法能力和水平。建立健全乡村调解、县市仲裁、司法保障的农村土地承包经营纠纷调处机制。加大农村普法力度，提高农民法治素养，引导广大农民增强尊法、学法、守法、用法意识。健全农村公共法律服务体系，加强对农民的法律援助和司法救助。

通过规范公共权力树立政府和法律的权威，通过保障公民权利培育农民对法律的信任和信仰，通过完善法律运行机制为农民遵法、用法提供平台，通过普法提高农民法治意识和法律素质，让法治的理念逐渐深入人心，法治的价值得到普遍认同，农民学法、用法、守法意识显著提高（周铁涛，2017）。

四、提升乡村德治水平

深入挖掘乡村熟人社会蕴含的道德规范，结合时代要求进行创新，强化道德教化作用，引导农民向上向善、孝老爱亲、重义守信、勤俭持家。建立道德激励约束机制，引导农民自我管理、自我教育、自我服务、自我提高，实现家庭和睦、邻里和谐、干群融洽。广泛宣传道德模范、身边好人的典型事迹，弘扬真善美，传播正能量。

五、防范与化解农村群体性事件，构筑乡村振兴的底线秩序

深刻理解农村群体性事件发生的内在逻辑，建立行之有效的利益协调机制，通过基层政治改革建立良性的利益表达机制，引导农民通过合法的渠道表达利益诉求，防范和减少社会冲突，维护乡村社会稳定。

乡村社会冲突主要产生于基层政府与农民之间，因此要避免政府对农民的利益侵犯，同时防止公共服务缺位和管理缺位。正确对待底层农民的合理诉求，探究社会稳定中的农民利益维护机制和农民集体行动的消解策略。防范局部乡村的

群体性事件扩散蔓延，避免在更大范围形成大规模的运动。

六、加强中介组织在乡村治理中的作用

乡村治理需要政府和农民之间的中介组织，更需要农民与市场间的中介组织。如果将供销社、信用社以及合作社、各类农业专业协会纳入乡村治理架构实施村民自治，就可以同时借助政府和市场中介的力量改善农民在市场中的弱势地位，降低交易费用，减少利益损失。

七、深入挖掘传统乡村治理资源，强化乡村社会内部治理机制

对于具有几千年乡土传统的中国而言，乡村治理既受现代国家建构等外部大环境的影响，同时也受到其独特的内部运作机制的影响。中国乡村社会长期以来都是与国家权力并列的一个具有自身运作逻辑的治理体系，改善乡村的任何努力都不可能脱离"乡土中国"熟人社会或半熟人社会这一历史基础（郑茂刚，2007）。如果完全忽视了文化网络中的资源，而企图在文化网络之外建立新的政治体系，其结果将是徒劳的（杜赞奇，2008）。乡村治理有效需要国家与社会间的有机契合，在坚持依法治村的底线思维基础上，既要充分利用村民自治实施以来积攒的现代治理资源，又要传承传统乡土社会的治理智慧，构建多元主体的乡村治理格局。在注重整体国家权力体系构建的同时，应强化乡村社会内部的治理机制。

第四节　结语

乡村治理的发展经历从民主管理到治理有效的转变，这一定位的转变，既是国家治理体系和治理能力现代化的客观要求，也是实施乡村振兴战略，推动农业农村现代化进程的内在要求。而乡村治理有效的关键是健全和完善自治、法治、德治的耦合机制，让乡村自治、法治与德治深度融合、有机契合。积极探索和创新乡村社会制度内嵌机制，将村民自治制度、国家法律法规内嵌入村规民约、乡风民俗中去，通过乡村自治、法治和德治的有效耦合，推动乡村社会实现治理有效。

新时代乡村治理的明显特征是强调国家与社会之间的有效整合，盘活乡村治

理的存量资源，用好乡村治理的增量资源，以"有效"作为乡村治理的基本价值导向，平衡村民自治实施以来乡村社会面临的冲突和分化。围绕实现治理有效这一目标，乡村治理技术手段可以更加多元、开放和包容。只要有益于推动实现乡村治理有效的资源都可以充分地整合利用，而不再简单强调乡村治理技术手段问题，忽视对治理绩效的追求和乡村社会的秩序均衡。

有效的乡村治理应该是合乎经验、合乎常识、合乎实践的，中国当代乡村治理无法脱离传统乡土社会的影响，如果不与传统结合起来，不从传统中寻找治理资源，则犹如无源之水，很难全面客观把握当今的乡村治理结构。传统从来就是一种现实的力量，它既记录在历代典籍之中，也活在人们的观念、习俗与行为方式之中，并直接影响着各项制度的实际运作过程，不管这些制度是用什么样的现代名称（曹锦清，2002）。某些乡村的传统因素不仅未成为农村现代化的障碍因素或随着现代化而自然消失，反而成为当今和今后进行乡村治理实践最可借用的资源（刘祖华，2007）。因此，有效的乡村治理，既要从传统中汲取治理资源，又要完成传统向现代的嬗变，必须在传统治理资源与现代治理资源进退取舍的基础上发展出适合当下中国国情的治理模式。

第十一章 生活富裕：内涵、结构演进及路径选择

第一节 引言

一直以来，中国"三农"问题的核心在于农民问题，农民问题的本质在于农民增收问题。农村居民收入的持续增长不仅关系到农村经济发展，农民生活改善，也关系到农村社会的和谐稳定。党的十八大报告指出，到 2020 年农民人均纯收入要在 2010 年的基础上翻一番。因此，农民增收任务依然艰巨。2018 年作为乡村振兴的元年，而实现农民的减贫增收一直是我国农业农村工作的重心，也是农业供给侧结构性改革的主要目标。乡村振兴的根本目标在于农民的生活富裕，即通过促进农村居民增收，保障农产品的有效供给实现农业、农村、农民问题的有效解决。当前，中国农业转型升级面临诸多难题，农地经营的小规模分散化、农产品供给结构失衡、农业科技支撑能力不强、农业产业价值链短、农业基础设施薄弱、农村居民增收后劲不足、农业补贴政策不完善、资源"紧箍咒"越绷越紧等问题日益凸显，已成为农业供给侧结构性改革的迫切要求（杨建利、邢娇阳，2016）。如何稳定的促进农村居民收入增长和降低农村居民内部收入的结构性差距，转变农业生产经营方式、调整农产品供给结构，促进农业产业转型，成为农村工作的中心任务和农业供给侧改革的核心。四川作为中国农业大省和农村居民工外出务工主要流出地，如何通过长期的跟踪监测数据从供给侧结构性改革的视角研究农村居民增收的结构演进来探讨农村居民增收的路径选择，对于全面建成小康社会具有重要的现实意义。本章内容基于四川省 20 年农村固定观察点的跟踪监测调查数据，分析了农村居民收入结构差异的演进特征，探讨了四川省农民增收的供给侧结构性改革的基本路径，为指导农村经济工作和农业供给侧结构性改革提供借鉴参考。

第二节　相关文献回顾及述评

自改革开放以来，中国农村经济发展呈现出两种不同的增长格局，分别表现为通过产品和劳动力市场对农村居民收入发生直接和间接的影响。尽管家庭经营性收入仍是农村居民收入的重要组成部分，但农村居民收入增长的来源开始多元化，由过去靠家庭经营性收入的增长转变为依赖劳动报酬性收入的增长为主（钟甫宁，2007）。家庭经营性收入增长面临着成本的"地板效应"和价格的"天花板效应"（张红宇，2015）。一些学者开始寻求转变农业的发展结构来增加农村居民家庭经营性收入。李国祥（2005）认为，农业结构调整政策加快了农业市场化进程，增加土地流转效率和规模化水平，从而提高了农村居民收入的货币化程度。黄砺、谭荣（2015）认为，农地还权赋能改革对成都市农村居民收入的增长率有相当大的正向推动作用，而农地集中并没有让农村劳动力充分发挥比较优势从而导致农村居民收入的降低（彭代彦、吴扬杰，2009）。卢盛荣等（2012）也指出，一定程度的农地细碎化对南方沿海地区农村居民收入反而有正向影响。韩啸等（2015）认为，土地流转可以增加转入户的收入而对转出户的收入增加没有影响。

在增加农村居民工资性收入方面，盛来运（2005）认为，从1997年以来农村居民收入增长主要依靠工资性收入增长来推动，但目前农村居民工资性收入增长和外出务工人数的增长都出现了减缓的趋势。为了增加农村居民的工资性收入，城乡二元结构（黄祖辉、王敏，2002；黄少安，2003；蔡昉、王德文，2005；孙继辉，2004）、农地制度（黄季焜，2000）等制度性障碍是制约农村居民工资性收入增长的根源。此外，金融制度对农村居民增收也有关键影响，中国金融发展对农村居民收入增长具有显著的负效应，直接导致城乡收入差别拉大与二元结构的强化（温涛等，2005）。唐礼智（2009）也认为，农村正规金融和非正规金融对农村居民工资性收入都存在较大的影响，而且非正规金融在促进农村居民增收的效率上高于正规金融。王小华等（2014）的研究则表明，农户信贷对非贫困县农村居民工资性收入增长起到了显著的推动作用。钟钰、蓝海涛（2012）预测，到2020年，工资性收入成为农村居民增收主要推动力，农村居民收入的区域差异将缩小。为了增加农村居民的工资性收入，城镇化成为推动农村居民增收的有效途径。

随着国家财政支农的力度不断加大，农村居民转移性收入从 2004 年的 96.8 元增加到 2016 年的 893.3 元，转移性收入占农村居民家庭总收入的比重由 3.7% 上升到 8.8%，对于带动农村居民人均纯收入增长发挥了积极作用。已有大量研究对具体补贴政策的效果展开了评估。例如，陆文聪、吴连翠（2008）认为，支援农村生产支出和农林水利气象支出、农村基本建设对农村居民增收具有促进作用，而短期内农村救济支出、科技三项费用支出没有促进农村居民收入的增加。周应恒等（2009）认为，农业四项补贴政策对粮食增产和农村居民增收有积极效果，粮食生产补贴促进的是那些以"粮食生产"为主要收入来源的农户的生产积极性（刘克春，2010）。黄季焜等（2011）的研究发现，粮食生产直接补贴和农业生产资料综合直接补贴确实促进了农村居民收入提高，但对粮食生产和农资投入影响并不大。罗东等（2014）测算了各类资金对农村居民增收的关联度，认为财政支出对农村居民增收的效应存在较大的差异性。

受农村土地征收补偿水平提高、农村居民土地流转和房屋出租增多、参加入股投资分红人数增加等因素的影响（申云，2016），农村居民的财产性收入不断增长，已经成为农村居民收入特别是局部地区农村居民收入的重要增长源。长期以来，由于大多农村居民不像城镇居民那样拥有房产、股票、债券、汽车等动产或不动产，农村居民本身财产就相对贫乏，大多只能依靠土地生活（钟甫宁，2007）。大多数的文献主要集中于如何盘活农村土地来增加农村居民的财产性收入。比如农村宅基地的抵押贷款（朱新华、张金明，2014）、农地使用权流转收益（冯子标，2009）、农地入股收益（胡冬生等，2010）、土地征用补偿（史红亮、张正华，2013）、农村集体产权股份化改造（杨志强，2012）等。这些措施在一定程度上都能为农村居民财产性增收提供可能，然而由于现有经济体制和法律的障碍，制约了农村居民财产性收入的增加。

综观现有文献，主要集中于以下三个方面来增加农村居民收入：一是创新农地制度和农业经营方式、破除城乡二元结构、改革金融制度等层面的分析，释放改革的红利来增加农村居民收入；二是通过提高国家财政支农比重、加强对农村居民的补贴等公共资本的重新配置来实现农村居民增收的目的；三是通过新型城镇化，推动农村居民非农就业，扩大农村居民非农收入比重来达到农村居民增收的效果。然而，如何从供给侧结构性改革的思路来分析农村居民长期以来的收入增长结构差异及其演进规律，进而提出新形势下的农村居民增收路径选择，成为乡村振兴战略的核心内容。

第三节　四川省农村居民收入结构性差异的演进轨迹

一、数据来源

本章内容数据来源于 1986—2017 年农业部农村固定观察点四川省长期监测的调查数据（但由于部分数据缺失，以 1996—2017 年数据为主），调查内容涵盖了乡村特征、农户家庭结构、收入变动、农业生产以及消费结构等，能够比较全面地反映出农村和农户的基本情况，具有较强的代表性。根据调查问卷户主标识码（ID）对农户进行匹配，为保持数据的连续性和可靠性，书中数据剔除了有部分农户中途退出和重新进入的样本。22 年间总共涉及问卷为 800 户，最后有效问卷为 576 户。

二、四川省农村居民收入增速演进轨迹

纵观四川省 20 多年来农村居民收入变化趋势，农村居民人均纯收入从 1996 年的 1 940 元提高到 2017 年的 20 914 元，增长了 9.8 倍，年均增长率达 11.4%，超过全国平均水平 1.2 个百分点。但是，四川省农村居民人均纯收入增长并不均衡，而是呈现出阶段性的增长特征。从实际增速变化来看，大致可以分为五个阶段：

1. 1996—1998 年为增速急剧下滑阶段

这一期间农村居民人均纯收入从 1996 年的 1 940 元增长到 1998 年的 2 200 元，增速从 1996 年 10.45% 急剧下降至 1998 年 -1.52% 的最低水平。一方面，受东南亚金融危机影响导致大量从事低端制造业的外出务工农村居民工资性收入受到较大影响。另一方面，国内主要粮食（水稻、小麦等）价格从 1995 年年底开始出现不同程度下跌（大米 2.45 元/千克跌落至 1.66 元/千克，跌幅达 32%，小麦跌幅达 21%），到 1998 年年底四川省主要粮食价格接近 20 年来的历史低位。

2. 1999—2003 年为恢复性增长阶段

这一期间农村居民人均纯收入从 1999 年的 2 314 元增长到 2003 年的 3 078

元，年均增速为7%。受粮食最低收购价政策和农业税费改革的影响，农村居民人均纯收入增速下滑趋势得到遏制，并且随着粮食价格的回升带动了农村居民纯收入逐渐恢复增长。

3. 2004—2008年为高速徘徊阶段

这一期间农村居民人均纯收入从3 553元增长到6 004元，年均增速达11.06%，收入波动较为平稳。受最低粮食收购保护价的提升（大米价格从2.2元/千克增长到3.02元/千克，增幅达37.27%，小麦增幅达16%），粮食收购价格增长较快促进了农村居民经营性收入的增长。此外，全面取消农业税和增加粮食补贴等一系列惠农政策，极大地调动了农村居民生产积极性，成为农村居民家庭经营性收入和转移性收入的主要推动力量。

4. 2009—2011年为快速增长阶段

这一期间农村居民人均纯收入从6 575元增长到9 395元，年均增速达12.6%。国家粮食最低保护价和临时收储政策使得粮食价格持续攀升，达到历史最高水平；加之粮食产量持续多年增长，农村居民家庭经营性收入得到快速增加。此外，国家逐年加大财政对农业的补贴力度及农村社会保障水平的不断健全，减轻了农村居民负担，间接提升了农村居民收入的增长。

5. 2012—2017年为增速缓慢下滑阶段

这一期间农村居民人均纯收入从2012年的10 617元增长到2017年的20 914元，增加了10 297元，年均增速达11.96%（见图11-1）。但受经济新常态整体增长趋势放缓的影响，农村居民纯收入增速在2014年开始出现急速下滑；同时，国家粮食最低收购保护价和临时收储政策使得粮食产量"十二连增"，较大地扭曲了国内粮食市场价格，造成粮食产量、库存量和进口量"三量齐增"的现象，粮食供需错配问题突出。此外，国际国内经济形势比较严峻，农村居民外出务工收入增速放缓，农村居民工资性收入增长压力较大。

1996—2017年四川省农村居民人均纯收入增长变动趋势如图11-1所示。

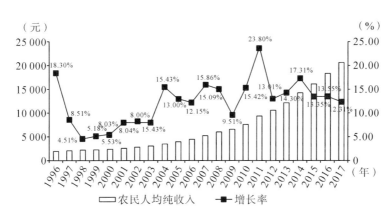

图 11-1　1996—2017 年四川省农村居民人均纯收入增长变动趋势

第四节　四川省农村居民收入结构演进动态

一、农村居民收入结构演变趋势

1. 工资性收入快速提高，已经成为农村居民收入增长最主要来源

随着农村剩余劳动力的快速转移和劳动力市场供求关系的变化，农村居民工资性收入水平得到显著提高，农村居民工资性收入已经成为农村居民最主要的收入来源，尤其在 2009 年后，四川省农村居民工资性收入首次超过家庭经营性收入。四川省农村居民人均工资性收入从 1996 年的 490 元增长到 2017 年的 13 012元，增长了 25.56 倍。工资性收入占农村居民收入比重逐步提高，2017 年工资性收入占农村居民纯收入比重达到 62.22%（见图 11-2），比 1996 年提高了 40 个百分点。2017 年农村居民工资性收入增长对农村居民纯收入增收贡献率达到44%，除 1996—1998 年之外，农村居民工资性收入增长对农村居民增收贡献率均在 40%~60%，个别年份工资性增长对农村居民增收贡献率甚至达到 80% 左右，农村居民工资性收入增长对农村居民增收发挥了重大作用，尤其从 2005 年开始，随着城镇化速度快速推进，农村劳动力转移加快，农村居民工资性收入增长对农村居民增收的平均贡献率达 55%，工资性收入成为农村居民收入增长的核心动力来源。

2. 家庭经营性收入缓慢增长，占农村居民收入比重呈持续下滑趋势

自实行家庭联产承包责任制以来，农村居民务农积极性得到提高，农村居民家庭经营性收入得到大幅度增长，家庭人均经营性收入从 1996 年的 1 314 元增长到 2015 年的 5 978 元，增加了 4 664 元，增长了 3.55 倍。农村居民家庭经营性收入占农村居民纯收入比重持续下降，该比重从 1996 年的 48.55%（个别年份甚至达到 80% 以上）下降到 2017 年的 28.58%，下降了约 20 个百分点。2017 年，家庭经营性收入对农村居民增收的贡献率下降至 22.5%，受农业生产经营面临的自然灾害和市场风险，农村居民家庭经营性收入增长表现出一定的波动性，造成农村居民家庭经营性收入增长对农村居民增收贡献呈现出较大的波动性。在 1997—2000 年，由于农产品价格市场波动，农村居民家庭经营性收入增长对农村居民增收贡献出现急剧下降，1999 年贡献率出现最大跌幅。

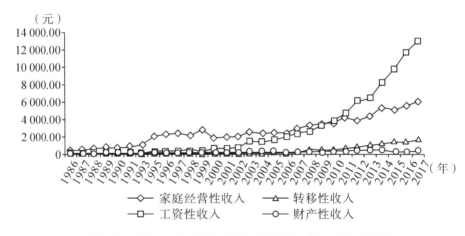

图 11-2　1986—2017 年四川省农村居民收入结构变化趋势图

3. 财产性收入小幅度增长，对农村居民增收作用有限，但未来增收潜力巨大

四川省农村居民人均财产性收入从 1996 的 110 元增长到 2017 年的 348.3 元，增加了 238.3 元，增长了 2.17 倍，年均增速 3.77。由于农村居民财产性收入基数较小，导致增幅相对较小，2017 年占农村居民纯收入比重仅为 3.4%，但对农村居民增收的贡献率达到 8%，未来对农村居民增收潜力巨大（见图 11-3）。由于农村居民财产性收入增长不够稳定，造成贡献率波动较大，年均财产性收入增长对农村居民增收贡献率仅维持在 4% 的水平。一方面，农村居民财产性收入基

数较小，收入和储蓄水平都相对较低，农村居民缺乏理财传统和意识。另一方面，在农地"三权分置"背景下农村居民最大的财产（农村土地经营权）并未给农村居民带来较大的财产收益增值，受制于农村产权制度改革的滞后与国家政策法律等因素的限制，造成农地和宅基地、农村房屋流动性相对不足，农村居民无法通过农地和房屋进行抵押变现进而获取财产收益。但随着产权制度改革和供给侧结构性改革的不断深入，农村居民财产性收入增长潜力巨大，增长空间广阔，尤其是党的十八届三中全会明确提出要赋予农村居民更多的财产性权利，通过农村居民土地制度改革和产权制度改革，农村居民未来财产性收入将有可能持续增加。

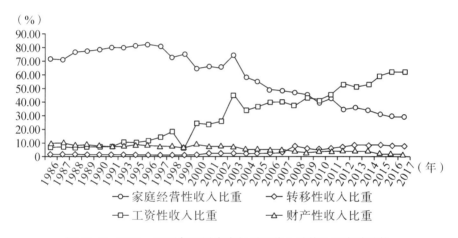

图 11-3 1986—2017 年四川省农村居民收入结构比重变动趋势

4. 转移性收入高速增长，对农村居民增收作用日益突出

农村居民人均转移性收入从 1996 年的 26 元上升到 2017 年的 1 575 元，增长了59.6 倍，占农村居民人均纯收入比重达到 7.53%，相比 1996 年提升了 6.31 个百分点，对农村居民增收贡献率达到 22.3%，突显出其对农村居民增收的重要作用，也侧面反映出国家对"三农"的投入效果是积极显著的。特别是 2003 年以来，国家取消了农业税，并且建立了粮食直接补贴、良种补贴、农资综合直接补贴和农机具购置补贴等制度以及逐年增加对农业投入力度，随后又建立了新型农村合作医疗、新型养老保险制度、农村最低生活保障和农村义务教育补助等一系列社会保障制度，国家财政对农村居民转移支付水平迅速提高，农村居民转移性收入快速增长对农村居民增收贡献率也明显提高，转移性收入占农村居民纯收入比重也在逐步上升。

二、四川省农村居民收入差距演变趋势

农村居民家庭人均纯收入基尼系数总体上呈现右倾"倒勺形"曲线特征，工资性收入、经营性收入和财产性收入差距对总收入差距"贡献"较大。农村居民纯收入基尼系数（总基尼系数）从1995年的0.290 8上升到2009年的最大值0.530 7（见图11-4），2010年后开始逐渐下降，特别是党的十八大以来，农户家庭收入差距缩小的幅度和速度都相对加快。这一方面反映了我国大力支持"三农"工作中取得了明显成效，在农村居民收入实现快速增长的同时收入差距没有扩大；另一方面也反映出政府在扶贫攻坚，特别是重点提高低收入农户群体上取得了显著成果。此外，农村居民纯收入差距主要是工资性收入、家庭经营性收入以及财产性收入差距三者影响较大，这主要是因为虽然工资性收入和家庭经营性收入差距相对较小，基尼系数相对较低，但二者在农村居民纯收入中所占比重较高，从而放大了二者对纯收入差距的影响。可以预见，随着财产性收入在农村居民纯收入中比重的扩大，二者对纯收入差距的影响也将随之不断扩大。

农村居民工资性收入差距表现出较大的波动性，近年来收入差距呈加速缩小态势。工资性收入的基尼系数由1995年的0.351 9逐年增加到2009年的最大值0.553 7，严重超过国际警戒线①水平，但从2010年后呈加速缩小态势。随着西部地区承接沿海地区产业转移趋势的深入及国家对西部产业扶持力度的加大，农村居民工资性收入差距将不断缩小。

农村居民家庭经营收入差距不断扩大，但扩大幅度相对较小。家庭经营收入的基尼系数由1995年的0.248 8逐年上升到2013年的最大值0.447 8。一方面，国家鼓励支持农村土地流转，土地逐步向农业经营大户集中，农业规模化经营加速推进，从事规模经营的农户收入相比散户的经营收入高，从而带来家庭经营收入差距的扩大。另一方面，受制于农产品价格的"天花板"效应和粮食产量的"十二连增"，农村居民家庭经营收入差距扩大趋势相对缓慢，2014年开始还出现家庭经营收入差距缩小的迹象。

---

① 基尼系数按照联合国有关组织规定：若低于0.2表示收入绝对平均，0.2~0.3表示比较平均，0.3~0.4表示相对合理，0.4~0.5表示收入差距较大，0.5以上表示收入差距悬殊。这个指数在0和1之间，数值越低，表明财富在社会成员之间的分配越均匀；反之亦然。国际上通常把0.4作为收入分配差距的"警戒线"，根据黄金分割律，其准确值应为0.382。

农村居民财产性收入差距总体上呈倒 U 形曲线的特征。农村居民财产性收入基尼系数由 1995 年的 0.326 9 扩大到 2010 年的最大值 0.544 4，特别是 2002—2010 年，财产性收入差距呈急速扩大趋势，之后出现较大幅度的缩小。这表明经济形势对财产性收入的变化具有重要影响，经济形势恶化，居民财产性收入就会加大波动，财产性收入差距也就随之扩大。随着经济新常态的出现，农村居民财产性收入差距将会出现稳步下降的趋势，但产权制度改革和农业供给侧改革红利的释放，农村居民财产性收入差距扩大的压力也将持续，二者叠加将使得财产性收入基尼系数未来总体上将保持相对稳定的局面。财产性收入的基尼系数遥遥领先于其他收入的基尼系数，这说明农村居民财产性收入分布的贫富差距比其他各类收入都要大，农村居民之间财产性收入分布很不均衡。这一结果也证明了财产性收入"马太效应"的客观存在性，具体表现为富裕的农村居民群体积累了更多的财产，获得了更多的财产性收入，与低收入农村居民群体的差距不断拉大。

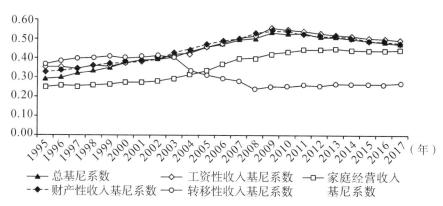

图 11-4　1995—2017 年农村居民家庭人均纯收入及其收入结构下的基尼系数①

农村居民转移性收入差距呈现出向左倾斜"倒勺形"曲线特征，总体波动幅度较小。农村居民转移性收入基尼系数从 1995 年的 0.370 8 扩大到 2002 年的

---

①　数据以四川省 20 年农村固定观察点的数据，根据基尼系数计算公式进行计算得出。具体公式为 $G = \sum_{i=1}^{n} W_i Y_i + 2 \sum_{i=1}^{n-1} W_i (1 - V_i) - 1$。其中，$W_i$ 是按照收入分组后，各组的人口数占总人口数的比重；Y_i 是按收入分组后，各组的人口数拥有的收入占收入总额的比重；V_i 是 Y_i 从 $i=1$ 到 i 的累计数，如 $V_i = Y_1 + Y_2 + \cdots + Y_i$。

最大值0.412 2，而后逐渐呈缩小态势。随着国家对农村居民的转移支付更加均等化、制度化、规范化，尤其是转移性收入的基尼系数下降了很多。这充分说明近年来我国政府加大对农村居民的转移支付力度不但有力地推动了农村居民收入的增长，而且有力地推动了农村居民收入差距的缩小。

第五节　四川省农村居民消费支出结构演进态势

一、四川省农村居民人均消费支出结构演进阶段

纵观四川省20年来农村居民支出的变化趋势，农村居民人均支出结构也表现出较大的差异性。总体上表现出由收不抵支的状态变为收支盈余并不断扩大的基本特征，也进一步说明四川省农村居民收支结构增长呈现出边际递减的趋势。其演变轨迹大致分为以下三个阶段：

1. 1996—2003年为收不抵支阶段，农村居民人均总支出大于人均纯收入

这一期间，农村居民人均纯收入较低，但农村居民人均支出却较大，人均总支出大于人均纯收入，农村居民几乎很少有储蓄。农村居民人均支出主要包括家庭经营费用支出、生活消费支出，还包括缴纳国家税金和缴纳村集体费用，其中家庭经营费用支出占总支出的32%左右（见图11-5），生活消费支出占总支出的58%左右，各种税费支出占总支出的5%左右。这一时期农村居民收入较低，支出负担较重，尤其是农村居民税费负担较为沉重。

2. 2004—2010年为收支平衡阶段，农村居民人均纯收入略高人均总支出

这一期间农村居民人均纯收入得到快速提高，农村居民人均纯收入略高于农村居民人均总支出。但是，随着农村居民纯收入提高，农村居民支出也在迅速提高。这一阶段农村居民总支出主要包括生活消费支出和家庭经营费用支出，家庭经营费用支出依然占到30%，农村居民生活消费支出提高66%以上。由于在这一时期国家对农村进行了大幅度的税费改革，减轻了农村居民税费负担，并且增加了农业补贴，农村居民几乎没有税费支出。

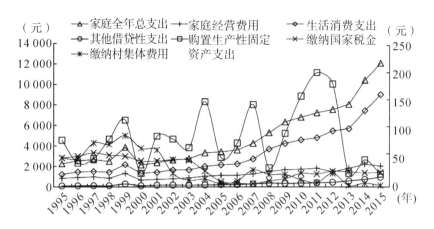

图 11-5　农户家庭不同类别支出变化趋势图

注：购置生产性固定资产支出、缴纳国家税金以及缴纳村集体费用三项用平滑虚线表示，参照右侧轴坐标；其他四项用实线表示，参照左侧坐标。

3. 2011 年以来为盈余扩大阶段，农村居民人均纯收入大幅度高于农村居民人均总支出

这一期间农村居民人均纯收入得到大幅度提高，农村居民人均纯收入高于人均总支出，农村居民略有盈余。这一阶段农村居民支出主要包括生活消费支出，占到农村居民总支出的 70% 左右，家庭经营费用支出下降到 20% 左右。农村居民家庭全年总支出基本呈上升态势，生活消费支出呈急速上升态势。从分项来看，生活消费支出增速较快，消费动能强劲，年均增速为 12.51%，从 1995 年的 1 189 元增加到 2017 年的 14 027 元，年均增速 11.32%。其中，生活服务支出和文化服务支出增长也较快，分别保持年均增速为 16.24% 和 17.38%，反映出人们对生活和文化方面的消费需求非常旺盛。由于基数较小，生活消费支出未来还将继续保持较快增速。家庭经营费用和其他借贷性支出基本趋于稳定增长态势，年均增速分别为 10.32% 和 8.27%。向缴纳国家税金和缴纳村集体费用分别从 1997 年和 1999 年后呈逐年下降趋势，目前两者支出占总支出比重降为 0.265%，微乎其微。此外，购置生产性固定资产支出呈现出较大的波动性，其中 2008—2013 年波动最大，主要受农机具购置补贴政策影响较大。

农产品连续多年的产量、进口量、库存量的"三量齐增"与不断凸显的物质成本、人工成本、土地成本的"三本齐升"导致农村居民经营性收入增长难

度不断加大（罗必良，2017）；受国家整体经济增速放缓的影响，提供的就业岗位减少导致农村居民工资性收入增长开始下降；财政收入减少导致对"三农"投入的难度加大，短期内农村居民转移性收入受限；经济放缓带来农产品价格低迷导致农村居民财产性收入徘徊不前，这些因素都在一定程度上造成农村居民增收困难越发严重。四川省如何从供给侧改革的思路来增加农村居民收入，成为农业供给侧改革"补短板"的核心。

二、四川省农村居民人均消费支出结构特征

1. 衣着、居住、家用设备方面

在衣着方面，四川省农村居民的人均消费支出由 1996 年的 97.22 元，上升到 2017 年的 692.60 元，平均每年净增了 28.33 元，在消费结构中的比重由 1996 年的 7.88% 上升到 2017 年的 8.63%，上升了 0.75 个百分点。在居住方面，四川省农村居民人均消费支出由 1996 年的 292.40 元，上升到 2017 年的 4 123.13 元，平均每年增加了 182.4 元，在消费结构中的比重由 1996 年的 17.60% 上升到 2017 年 26.28%，上升了 8.68 个百分点。在家用设备方面，四川省农村居民人均消费支出由 1996 年的 91.36 元，上升到 2017 年的 713.4 元，在消费结构中的比重由 1996 年的 7.3% 下降到 2017 年的 6.24%，下降了 1.06 个百分点。

2. 交通通信方面

2017 年，四川省农村居民人均交通通信消费支出 931.21 元，比 1996 年的 85.05 元增加 846.16 元，以平均每年 28.68% 的速度增长，在消费结构中的比重也由 1996 年的 5.5% 上升到 2017 年的 11.44%，21 年间提高了 5.94 个百分点。截至 2017 年年末，平均每百户农村居民家庭交通工具的拥有量为摩托车 73.99 辆，比 1996 年增加 52.74 辆；生活用汽车 16.87 辆，比 1996 年增加 13.8 辆。平均每百户农村居民家庭通信工具的拥有量为手机 87.21 部，比 1996 年增加 63.42 部，主要由于经济的发展，农村居民越来越多地选择移动电话，家庭手机拥有量普及率达到 98.25%。

3. 医疗保健和文教娱乐方面

2017 年，四川省农村居民人均支出医疗保健费 1 008.05 元，比 1996 年的 115.29 元增加了 892.76 元。在消费结构中的比重由 6.61% 上升到 11.89%，支出结构和支出总额总体上处于逐年上升趋势。人均用于文教娱乐方面的支出 2017 年比 1996 年增加 79.32 元，在消费结构中的比重由 8.15% 上升到 9.82%。

第六节　四川省农村居民生活品质变动情况

一、农村居民人均消费支出占比情况

农村居民的食品消费结构是衡量一个地区农村人口生活品质的重要标志。目前，国内的主要食品消费包括粮食类、蔬菜类、肉类、豆类、油脂类等。根据四川省农村固定观察点的统计数据，本章内容针对四川省农村居民人均消费支出占比进行了统计分析（见表11-1）。四川省农村人均消费支出的比重在1996—2017年总体上呈持续下降趋势，消费占比基本处于55%~80%的波动范围内。占比最高的年份为1998年，高达90.95%，而在2014年消费占比仅占到51.55%，为历年来最低水平。此外，居民人均纯收入增长率和农村居民人均消费增长率的增幅变动存在较大的波动性，但二者之间的增长趋势大致相同，总体上均呈现出大幅上升的态势。

表 11-1　　　　1996—2017 年四川省农村居民人均消费支出占比

年份	农村人均纯收入（元）	消费支出（元）	消费占比（%）	农村人均收入增长率（%）	农村居民消费支出增长率（%）
1996	2 706	2 233	82.52		
1997	2 951	2 537	85.97	9.05	13.61
1998	2 906	2 643	90.95	−1.52	4.18
1999	3 683	2 489	67.58	26.74	−5.83
2000	2 800	2 347	83.82	−23.98	−5.71
2001	2 881	2 117	73.48	2.89	−9.80
2002	3 040	2 354	77.43	5.52	11.20
2003	3 363	2 608	77.55	10.63	10.79
2004	4 036	2 737	67.81	20.01	4.95
2005	4 433	3 306	74.58	9.84	20.79
2006	4 844	3 402	70.23	9.27	2.90

表11-1(续)

年份	农村人均纯收入（元）	消费支出（元）	消费占比（%）	农村人均收入增长率（%）	农村居民消费支出增长率（%）
2007	5 994	3 589	59. 88	23. 74	5. 50
2008	6 973	4 232	60. 69	16. 33	17. 92
2009	7 655	5 267	68. 80	9. 78	24. 46
2010	9 463	6 316	66. 74	23. 62	19. 92
2011	10 118	6 781	67. 02	6. 92	7. 36
2012	11 240	7 208	64. 13	11. 09	6. 30
2013	12 412	7 528	60. 65	10. 43	4. 44
2014	15 600	8 042	51. 55	25. 68	6. 83
2015	16 348	10 417	63. 72	4. 80	29. 53
2016	18 897	12 059	63. 81	15. 59	15. 76
2017	20 914	14 027	67. 07	10. 67	16. 32

二、农村居民食品消费支出结构情况

1996—2017 年，四川省农村居民人均粮食消费量基本上呈逐年小幅下降的趋势（见表 11-2），1996 年为 230. 11 千克，2017 年减少到 219. 24 千克。随着农村人均收入的提高，人们生活水平也在稳步提高，食品消费结构从以主食消费为主转向副食，其结构多样化趋势凸显。1996 年，四川省农村居民人均消费肉类食品 24 千克，此后总体上呈逐步上升的态势，2017 年的肉类人均消费比 2001 年增长了 154. 2%。四川省的传统饮食结构中，禽蛋类的消费量占了较大的比例，禽蛋类生产成本低和生产效率高的特点决定了其消费起点较低的消费走向。

表 11-2　　　　　　1995—2017 年四川省农村居民人均
主要食品消费量变动情况　　　　　　单位：千克

年份	粮食	蔬菜	油脂类	肉类	禽蛋类
1995	230. 11	121. 39	7. 38	24	6. 83
1996	232. 34	124. 38	7. 52	45	7. 13

表11-2(续)

年份	粮食	蔬菜	油脂类	肉类	禽蛋类
1997	235.32	126.37	7.72	27	7.63
1998	237.38	126.28	7.36	45	7.13
1999	238.37	132.27	7.48	47	8.33
2000	236.39	130.93	7.39	49	8.53
2001	237.28	134.37	7.32	47	9.73
2002	236.43	135.28	7.25	45	9.13
2003	231.25	137.42	7.38	47	9.43
2004	232.17	137.28	7.27	38	11.09
2005	228.93	138.84	7.38	40	10.73
2006	234.28	139.67	7.22	41	11.40
2007	237.38	140.26	7.18	36	10.63
2008	238.92	141.37	7.14	54	10.83
2009	241.22	142.37	7.13	45	11.53
2010	239.27	142.38	7.16	49	11.35
2011	238.31	144.28	7.17	45	11.23
2012	234.27	145.39	7.2	57	11.23
2013	231.02	147.22	7.11	64	12.05
2014	228.14	148.38	7.03	47	12.33
2015	225.33	148.28	6.89	60	12.33
2016	221.27	150.25	7.92	57	12.43
2017	219.24	152.38	7.83	61	12.73

从食品营养学的角度而言，鱼、禽、蛋、瘦肉等动物性食物是优质蛋白质、脂溶性维生素和矿物质的主要来源。动物性蛋白质赖氨酸含量较高，有利于补充植物性蛋白质的不足；鱼类所含不饱和脂肪酸可降低血脂和防止血栓形成；家禽、鲜蛋、鱼虾、鲜瓜、鲜果和牛奶等，其价格变动对需求量变动的影响较大。

此类食品被称为软性食品（或高弹性食品），其特点是对价格反应敏感，价格变动对需求量影响大。四川省 20 年来优先发展食品加工业、奶类产业和大豆产业 3 个重点食物领域。随着农村居民收入的增长和食物消费结构趋向多样化，粮食和蔬菜的消费所占比重逐年下降，而其他食品，如食用油、猪牛羊肉、家禽、蛋类和水产品的消费量均有所增长（见图 11-6）。相对于城镇居民的消费水平而言，农村居民从消费食物中摄取的膳食营养素中动物性蛋白质比例仍然偏低，城乡居民的膳食营养水平差距仍然较大。

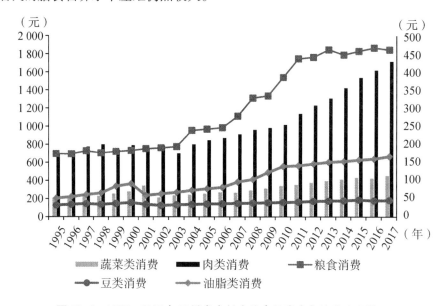

图 11-6　1995—2017 年四川省农村人均食品类全年消费支出情况

三、农村居民人均食品消费趋势分析

1. 食品消费水平有差别，消费结构存在差异

人均收入达到中等水平时，食物的需求增长率也将达到极限。随着人们收入的继续增长，食物需求增长率开始下降。中国由于存在城乡发展不均衡和地区经济水平差异的现象，城乡居民、地区之间均表现出比较明显的消费差异。如东部地区的生存型和温饱型消费比例明显低于中西部地区，而享受型、发展型和投资型消费比例相对较高，消费结构明显优于中西部地区。虽然这种现象会有所改善，但由于中国城乡二元经济发展特征的存在而将在一段时间继续持续下去。

2. 食品消费结构升级，有机和绿色食品市场需求高

2008 年中国食品消费中，有机食品和绿色食品占 6% 左右，其中有机食品不足 0.5%，而美国和德国的这一比例为 3.5%～4.5%，无公害食品和常规食品占 94% 左右。中国将成为世界上第四大有机食品消费大国，国际有机食品市场对中国有机食品的需求或将超过 5%。加快转变经济增长方式和城乡居民的食品消费结构升级将有力推动中国食品结构的升级。

3. 高蛋白类食品需求持续增长

根据《中国食物与营养发展纲要（2001—2010 年)》中提到的关于 2010 年城乡居民食物与营养发展目标，中国乳品消费市场将保持每年逾 50% 的增长率，是世界乳品产业最具增长潜力和发展优势的消费市场之一。城市居民人均每日摄入能量 2 250 千卡，其中 75% 来自植物性食物，25% 来自动物性食物；蛋白质 80 克，其中 35% 来自动物性食物；脂肪 80 克，提供的能量占总能量的 28%。人们的食品消费结构向多维生素、高蛋白、低脂肪和低胆固醇的方向调整。因此，低脂肪、高蛋白、营养丰富的牛羊肉、水产品和奶制品的消费将持续增长。

4. 高新技术应用普遍，渗透食品业各个环节

电子技术、生物技术、新材料等基础科学技术以及超高压处理、超临界提取、超微粉碎、微胶囊、真空处理、冻结浓缩、膜分离、品质评价、食品掺假鉴定、超高温瞬时杀菌等尖端技术已在食品工业生产和产品研发中得到广泛应用。高新技术不仅可以确保食品营养、安全、卫生、方便、快捷、风味多样，降低生产成本，而且可以节约资源和保护环境等，与传统食品工业技术相比，具有巨大的优势。

第七节　乡村振兴背景下农村居民增收致富的路径选择

农业供给侧结构性改革的重要任务之一在于补短板，加快补齐农业农村发展短板，坚决稳住农业农村经济这个基础，夯实基本面、增加新动能、打造增长点，不断提高农业发展的质量效益和竞争力，促进农村居民持续稳定增收。促进农村居民增收的总方向应是在稳步提高家庭经营性收入的基础上，重点增加农村居民工资性收入，优化转移性收入结构和缩小财产性收入差距作为农村居民增收

新的增长点。要以培育农业新型经营主体、发展规模经营、促进农业提质增效为主线，稳步增加家庭经营性收入；以农村产业融合发展和促进农业劳动力转移就业为主线，持续增加农村居民工资性收入；以转变农业补贴方式和推进城乡社会保障一体化、实现城乡公共服务均等化为主线，快速增加农村居民转移性收入；以推进农村产权制度改革为主线，大幅增加农村居民财产性收入。

一、扶持新产业、新业态发展，多渠道增加农村居民经营性收入

1. 加快推进一二三产业融合发展

围绕拓展农业多种功能开展服务，引导发展特色农业、品牌农业、生态农业、智慧农业，推进农业与旅游、教育、文化、健康养老等产业深度融合。整合政策资源、项目资金积极开展一二三产业融合示范发展。

2. 支持各地探索新的机制和模式

盘活农村撂荒土地、闲置农房等资产资源，培育一批与农户利益联结紧密、助农增收效果明显的新型经营主体，发展一批新兴产业、新型业态，促进农村居民持续稳定增收。

3. 发展优势特色产业

全面启动第三轮现代农（畜牧、林）业重点县建设，建设"千斤粮万元钱"粮经复合现代农业产业基地，启动创建部级畜禽养殖标准化示范场，研究制订蔬菜、水果、茶叶和生猪、牛羊等特色产业行动方案，培育和壮大新产业、新业态。

4. 以盘活农村资产资源为重点

围绕培育休闲农业和乡村旅游、农产品产地初加工、农村电商、土地托管服务、农村养老服务、农村文化创意和森林康养等新产业、新业态，启动开展示范创建工作。

5. 多种形式发展适度规模经营

落实农地"三权分置"改革办法，推广土地入股、土地流转、土地托管等多种形式的适度规模经营，支持农村居民在自愿基础上互换并连片耕种，多种路径扩大土地经营规模。

6. 完善政府购买农业公益性服务机制

扶持和培育新型农业经营主体开展农业社会化服务，推广托管服务、代耕代种、联耕联种等多元服务模式，让小规模农户搭上规模经营的"快车"，实现农

村居民经营性收入的较快增长。

二、坚持就业和创业并举，巩固提升农村居民工资性收入

1. 深入实施就业优先战略，着力抓好农村居民稳定就业

加大省级劳务品牌培训投入，抓好职业技能培训，增强农村居民就业的稳定性和竞争力。着力抓好就业扶贫工作，进一步抓好贫困地区劳务开发，重点面向贫困家庭劳动者开展技能培训和就业促进工作，拓宽贫困家庭劳动者就业增收渠道。积极构建自组织社会资本，尽快重新构建个人社会资本网络，同时融入城市，在新的环境下里重建自己的社会关系网络，提升自己的社会资本存量。政府应该起到积极的引导作用，合理利用农村居民自组织的优点，引导农村居民完成更合理的人力资源积累。政府应积极引导农村居民自主合作组织的发展，提高农业组织化、产业化水平，制定相应的优惠政策，提供金融支持和税收优惠等。

2. 切实推进大众创业、万众创新，加大返乡创业政策宣传力度，确保政策落地见效，以返乡创业带动就业增收

建立健全新型农业经营主体支持政策，进一步完善财税、信贷、保险支持等政策，培育发展家庭农场、专业大户、农村居民合作社、农业产业化龙头企业等新型农业经营主体和社会化服务主体。加强农村金融服务，发展农村普惠金融。同时，创新农业保险产品和服务，建立健全农业保险保障体系。探索财政撬动金融支农新模式，综合运用奖励、补贴、税收优惠等政策工具。加快建立覆盖全国的农业信贷担保体系，健全政银担保合作机制。扎实开展贫困人口就业统计、就业培训、就业服务等工作，大力实施劳务协作对接扶贫行动。

三、转变财政支农结构和发展方式，提高农村居民转移性收入

抓住农业补贴改革契机，归集粮食直补、农业生产资料综合补贴和良种补贴且归并为农业支持保护补贴，推动适度规模经营新型农业主体成为农业支持保护补贴的受益主体。巩固提升省市两级农业担保能力，支持县级成立农业担保机构，让农业担保成为农业融资的"润滑剂"。加大政府和社会资本合作（PPP 模式）、政府购买服务等推广力度，转变公共服务供给方式，撬动更多金融资本、社会资本投入农业农村。推进财政支农资金股权量化改革试点，特别是扶贫资金的使用更要体现精准扶贫的要求，更直接地用于贫困村、用于贫困群众。要用财

政支农资金撬动社会资本，把整合起来的资金用于为农户和其他农业经营主体融资贷款提供贴息、担保，充分发挥放大效应和杠杆作用。进一步贯彻落实中央、省市脱贫攻坚决策部署，深入落实各级领导机关联系指导精准扶贫制度，强化乡镇党委、政府主体责任，做好贫困户技能培训和转移就业，扎实推进异地扶贫搬迁，实现兜底脱贫指标，逐步向城市低保标准看齐，确保因病因灾返贫群众全部纳入低保兜底范围，不断提高贫困农户的转移性收入水平。

四、创新资产收益扶贫机制，提高农村居民财产性收入

1. 创新资产收益扶贫新模式

针对农村贫困人口中缺乏劳动能力比重较大的现象，探索建立以"股权量化、按股分红、收益保底"为核心内容的财政支农项目资产收益扶贫新模式。安排资产收益扶贫试点专项资金和财政支农资金，分类开展资产收益扶贫试点，开辟贫困农村居民增收新路径。建议出台集体经济组织法及集体资产股份制改革和发展壮大集体经济的政策意见，让农村沉睡资源变资产，壮大村级集体经济收入，最大限度地增加农村居民财产性收入。

2. 创新农村财产性资产抵押新模式

要在确权的基础上推进增加农村居民财产性收入试点，探索保障农户宅基地用益物权，推进农村居民住房财产权抵押、担保、转让的新路子。加快农村集体资产股份制改造，深入研究赋予农村居民对集体资产股份占有、收益、有偿退出以及抵押、担保、继承权改革稳步推进农村集体经营性资产股份合作制改革，大力推广资源变资产、资金变股金、农村居民变股东的"三变"模式和集体资源性资产股份制改造经验，实现农村居民经济组织成员和承保经营权入股收益的"双重分红"。

3. 加快核查农村集体资产并进行股权量化

高质量完成农村集体资产清产核资工作，分类登记经营性资产、非经营性资产和资源性资产，合理界定农村集体资产范围和成员资格，建立农村集体经济组织及相应的治理结构，将资产折股量化到集体经济组织成员。以改革盘活农村集体资产，培育新型集体经济组织，让农村居民通过壮大集体经济增加收入。

4. 积极探索新业态新产业助力发展的新路径

继续坚持"输血"方式着力改善村集体经济发展的物质基础，持续开展财

政涉农资金打捆下达，着力提升村集体资源资产价值对社会资本的吸引力，强化涉农招商引资项目包装工作，积极引导社会工商资本和人力资本借助"企业帮村"扶贫攻坚平台，扩大在资产经营、产业发展、休闲观光和乡村旅游等新业态上实现集体资产等财产性收入的扩大，从而提高村民集体财产性收入的分配余额。

第十二章 打造各具特色的现代版《富春山居图》
——关于乡村艺术化的若干思考

习近平总书记在谈到乡村振兴的时候，提出"以多样化美打造各具特色的现代版《富春山居图》"。笔者领会，其内涵丰富，寓意深刻。把这一要求理解好了，我们对乡村振兴便会有新的认识，在实践中便会有新的探索、新的追求。

《富春山居图》，原画为长848厘米、高33厘米的巨幅手卷，是元代大画家黄公望以浙江富春江为背景，从79岁到83岁，花了4年时间，用水墨神韵描绘的诗意般的乡村。晚年的黄公望，经历入道、游方、隐居，不仅画艺炉火纯青，人生也步入了新的境界，走向圆满。可以说，《富春山居图》凝结了黄公望80多年的人生智慧和艺术修养，寄托了他一生的梦想。拿今天的话来说，那就是一个智慧老画家用国画精心描绘的他心目中的"美丽乡村"。六七百年来，《富春山居图》经受住了历史的检验，成为代表中国优秀传统文化的艺术杰作。

习近平总书记由《富春山居图》提出对乡村振兴的要求，笔者理解，是要在协调推进农村经济建设、政治建设、文化建设、社会建设、生态文明建设和党的建设全面振兴的同时，为乡村振兴插上艺术的翅膀，推进乡村艺术化，建设各美其美的美丽乡村，在全球化的大格局中形成中国美丽乡村的独特画卷，让美丽乡村成为现代化强国的标志，成为美丽中国的底色。这是一个崭新的、崇高的境界，是新时代乡村振兴的内在要求和更高追求。

第一节 乡村艺术化是社会发展的要求

应当说，乡村艺术化问题还没有引起人们足够的重视。笔者对乡村艺术化的关注，断断续续地，也不过五六年。2012 年 11 月，学习党的十八大精神的时候，笔者在交流讨论中，以《由生态文明想到的》为题，指出"美丽中国最美在乡村。乡村之美，美在山水，美在田园，美在淳朴"，并把"微田园"作为美丽乡村的一个元素来分析。这实际上涉及了乡村的美学和艺术问题。2013 年 3 月，中央农办《农村要情》印发笔者的短文《"微田园"彰显农村特色》，重申了笔者对乡村美的看法，得到农业部韩长赋部长的肯定，韩长赋部长在批注中称"这个观点好"。2015 年 3 月，笔者参加汉源的梨花节，在开幕式的致辞中说，汉源的乡村"一个产业就是一个田园景观系统"，并从时间和空间、宏观和微观的不同角度进行了简要描述。2017 年 7 月，笔者在《四川农村日报》发表《积极试点探索建设田园综合体》一文，提出田园综合体的"一体一魂两翼"构想，"两翼"中的一翼正是艺术化。2017 年 8 月，在入选四川省委宣传部、省委党校等单位举办的四川贯彻落实四个全面战略理论研讨会的论文《关于田园综合体建设的初步思考》中，笔者认为"当今人们的审美需求越来越强烈，艺术化将成为田园综合体的核心竞争力"。党的十九大之后，在学习乡村振兴战略时，笔者进一步思考了乡村艺术化问题，还与一些同志探讨过创办"田园艺术节"。2018 年春节期间，笔者静下心来，翻阅了古今中外一些美学、艺术、历史等方面的书籍，有了一些眉目。笔者对乡村艺术化的一些初步思考，先后发表在《新城乡》《农民日报》《四川日报》《四川党的建设》等报刊和四川省委农工委、四川省委政研室的内刊上。

通过初步的学习思考，笔者认为，历史发展动向和现实生活取向已经向我们表明，乡村艺术化不是天方夜谭，也不是乌有之乡，是实实在在存在着的。

艺术化是经济社会发展到一定阶段的必然要求，源于人类的天性。说起艺术，人们自然想到美，爱美之心人皆有之。古往今来，思想家们都说，真善美是人们追求的崇高精神价值。按照美国心理学家马斯洛的需要层次理论，当基本需要大体满足以后，人们就会产生自我实现的需要，包括审美的需要。我国当代哲学家张世英把审美作为一种人生境界，认为它是欲求境界、求知境界、道德境界之上的最高境界。的确，一旦吃饱喝足，人们就会想到怎么去饱眼福、享耳福、养眼养心，比如看看山水、听听音乐、吟吟诗歌。从人类社会发展来看，通常在工业化、城市化达到一定水平的时候，审美的动因就会形成，而且越来越强烈。19 世纪，欧洲一些发达国家曾兴起艺术与手工艺运动。20 世纪 70 年代，美国社会学家丹尼尔·贝尔在《资本主义文化矛盾》中就指出，审美动因是资本主义社会的基本动因之一。20世纪80年代末，英国学者迈克·费瑟斯通提出"日常生活审美化"。进入新世纪，法国学者奥利维耶·阿苏利专门写了一本《审美资本主义》，认为从20世纪末至今，发达国家发展的主要趋势是审美资本主义，审美动因成为经济增长的主要动力，"品味的问题涉及整个工业文明的前途和命运"。美国的B.约瑟夫·派恩和詹姆斯·H.吉尔摩提出的体验经济，也包括了人们的审美体验。有人甚至认为，人类社会经济发展已经经历了农业经济形态和工业经济形态，正在形成审美经济形态，人类正在进入大审美经济时代。看看国外的知名品牌，像可口可乐、苹果等，成功的背后，其艺术创意功不可没。再看我国，2012年人均GDP已经突破6 000美元，据国际经验，社会生活开始向休闲型转变。党的十九大判断，我国社会主要矛盾已经转化为人民日益增长的美好生活需要和不平衡不充分的发展之间的矛盾。美好生活需要一定是多样化、个性化、艺术化的，更加注重审美性、体验性。建设美丽中国，包括美丽乡村、美丽城镇，正是对人民日益增长的美好生活需要特别是审美需要的回应。

乡村艺术化在国内外已有一批批鲜活的案例，积累了许多成功的经验。英国人珍惜和保护他们乡村的自然景观、田园风光、传统文化，讲究村庄更新，建成全世界最美的乡村，被誉为"英国的灵魂"。对英国乡村，人们这样来描述：教堂、小酒馆、大农场、茅草顶的小房子、爬满植物的小村舍以及原汁原味的乡村公园，展示了英国人自盎格鲁-撒克逊时期以来慢慢形成的生活方式。德国的施雷勃田园源于19世纪中期，已有近140万个，其田园与木屋的融合，被誉为"童话世界"，成为市民的乐园。在施雷勃田园，独门独院的"小木屋"各具风格，充满了浓郁的大自然情趣和乡土文化气息，其中最美丽的景色是门前长满花草、蔬菜的花园、菜园。每到周末，德国人就走出喧闹的城市，举家来到郊区的施雷勃田园从事"山间劳动"、休闲健身，享受环境、陶冶情操。日本越后妻有大地艺术祭始于2000年，每三年举办一次。它以农田作为舞台，艺术作为桥梁，联系人与自然，承传地域文化，振兴农业地区，已经成为世界上大型的国际户外艺术节。再回到我国来看，近年来，随着美丽新村建设的推进，乡村艺术化开始迈开步伐。比如汉源县，以花海果乡为主题，让田园变公园、农村变景区、劳作变体验，一个产业就是一个"田园景观系统"。在时间上，一季一景，一月一景，到了花季、果季还是一天一景；在空间上，一山一景，一沟一景，一坝一景；在微观上，一园一景，一步一景，一树一景。冬天叶落了，但树枝通过撑、拉、吊、剪修整得很精致，仔细看，不亚于公园里的盆景。我们耳闻目睹的，还有年画村、陶艺村、粮画小镇、黄瓜小镇等。这说明，乡村艺术化已经在路上，大有可为。

第二节　乡村艺术化主要源于乡村自身

对于什么是乡村艺术化，有人指出它是指乡村因为发展的需要主动吸引艺术家前来或自发进行乡村的美化和改造，并且从艺术下乡角度描述了"暂居型""居留型""共振型"三种模式。这样的主张，对思考乡村艺术化有一些启发，但是把乡村艺术化主要看成艺术下乡，则至少低估了乡村自身的艺术资源和艺术追求。

固然，乡村艺术离不开艺术的共性，城市的、国外的古典艺术、现代艺术、后现代艺术等都有值得乡村艺术化借鉴的东西，乡村艺术化必须善于学习借鉴。但是，必须看到，乡村艺术化首先源于乡村的山水、田园和生产、生活，是乡村经济、政治、文化、社会、生态方面的美的升华，是有着乡村独特"意味"的形式，带着浓浓乡愁，烙上农耕记忆，体现着农家情趣，充满着乡土气息，承载着乡村价值，寄托着田园梦想。

当然，现在来给乡村艺术化下定义，可能为时过早。这里避开抽象论道，简要地用四句话来对乡村艺术化作一个形象的描述，即自然山水、艺术田园、农耕体验、诗意栖居。

自然山水，即是要树立尊重自然、顺应自然的理念，在治理和恢复上下功夫，保护乡村环境，保护乡村生物多样性，让乡村天蓝地绿、山青水碧、风清气爽、蛙鸣鸟叫，还自然之魅力。这是乡村艺术化的底色。安吉县余村是"两山理论"的策源地，也是浙江省在美丽乡村建设过程中践行"两山理论"的缩影。余村曾经是安吉县最大的石灰岩开采区，在20世纪八九十年代，凭借三座矿石山及一座水泥厂，成为当地有名的"首富村"，其代价则是安全隐患、环境恶化、生态破坏。2003年，余村按照浙江省建设生态省的战略部署，关停矿山及水泥厂，修复绿水青山。2005年，时任浙江省委书记的习近平到余村考察，肯定了余村的做法,并在余村首次提出了"绿水青山就是金山银山"的重要理论。在"两山理论"的指导下,余村以创建"生态旅游村"为目标,调整产业,规划村庄,美化环境,发展生态旅游,建设美丽乡村。目前,余村已建成 3A 级旅游景区,农家乐、民宿、漂流、蔬果采摘等休闲旅游产业有声有色,2017 年累计接待游客 50 万人次,旅游收入 3 500 万元。如今的余村,"把树叶子变成了钞票子",村民们自豪地说:"在千年古银杏树下,躺在竹椅上看星星,小溪流水潺潺,天籁之音绕耳,您会充分体验到被大自然怀抱的感觉。"余村展示的正是山水之美、生态之美、自然之美。

艺术田园,即要保护和建设农地,因地制宜、因时制宜种植农作物,饲养家禽家畜,并优化种植和养殖结构,注重种养循环,搞好创意设计,精耕细作,发展创意农业、精致农业,把一个产业建设成一个田园景观系统,景色随区域、季节而变幻,让田园成为乡村独特的风景线。这是乡村艺术化的特色。以稻田为例,元阳县元阳梯田就是哈尼族世世代代留下的艺术杰作。唐朝初期,哈尼族在哀牢山区定居下来,用智慧和双手来挖筑梯田。梯田随山势地形变化,坡缓地大则开垦大田,坡陡地小则开垦小田,沟边坎下石隙也开田。元阳梯田规模宏大,气势磅礴,绵延整个红河南岸的红河、元阳、绿春以及金平等县,仅元阳县境内就有 17 万亩。它是一个生态与文化的复合系统,在那里,每一个村寨的上方必然矗立着茂密的森林,下方是层层相叠的梯田,中间由古意盎然的蘑菇房组合而成。20 世纪 80 年代以来,元阳梯田引起了国内外专家学者和游客的青睐。1995年,法国人类学家欧也纳博士称赞:"哈尼族的梯田是真正的大地艺术,是真正的大地雕塑,而哈尼族就是真正的大地艺术家!"由此可见,用艺术的眼光看,路堰沟渠这样的农田水利设施、农耕文化遗产本身就是农民群众创造的田园艺术;乡村艺术化应当把田园这篇文章做好,做精致。

农耕体验,即既要发展现代农业,让人们通过农业劳动与动植物生命过程打交道,把农业劳动变成农事体验,从观察、体验、分享中品味人生乐趣;又要保护农耕文明,挖掘传统工艺,培育民间艺人,改造提升传统特色产业,开发乡村美食,让人们分享耕读传家的农耕文化。这是乡村艺术化的文化标识。我国台湾地区农业以具有观赏、食用、教育价值的农作物或畜禽作为造景的主体,以农业文化为线索,展现农业的资源、历史文化、种养知识、品种分类等,创造出有突出特色的主题景观。南投县埔里镇的丰年农场是台湾菇产业的上游农场,种植有鹿角灵芝、猴头菇、杏鲍菇、补血珍菇等菇产品。农场在菇产品生产的基础上，拓展菇产品关联业务，提供游客参观、菇类采摘、鲜菇品尝、菇衍生产品DIY等服务。南投县信义乡"梅子梦工厂"依托梅子种植产业，利用文化创意理念来延伸梅子产业链，由原来单纯的梅子种植产业发展成为包括梅子种植、梅子产品加工、梅子休闲观光和梅子文化创意在内的全产业链。在梅子梦工厂，梅子成了纪念品，梅子酒成为文化产品，厂区成为休闲游览区。台湾西部的飞牛牧场以动物生活习性为基础，以动物活动和人类情感联系紧密的"点"来设计充满趣味性和知识性的项目，以达到对小学生的教育目的。这些都给人以乡村艺术的独特体验。

诗意栖居，即要在不破坏乡村肌理和保护乡村风貌、传承传统文化的前提下，科学规划设计村落，改善路、水、电等基础设施，改造民居功能和风貌，配套教育、医疗等公共服务，组织好民间文化活动，让人们像德国诗人荷尔德林在诗中写的那样，"诗意地栖居在这片大地上"。这是乡村艺术化的综合体现。荷兰的羊角村，最初的居民以采挖泥煤为生，在村里形成了一道道狭窄的沟渠。为让船只可以通行、运送物资，居民将沟渠拓宽，形成运河，与湖泊交织。羊角村生长芦苇，过去的居民就地取材，以芦苇编织的席卷铺设屋顶，形成那里的建设风格。新一代羊角村居民是荷兰的高收入阶层，政府为保持羊角村的原始风貌，规定购买那里的房子必须是"第一住宅"，并不得随意更改房屋外观，古老的茅草房得到保留。村民们愿意与游客、路人分享他们创造的美丽，如果有一扇正对路边的窗户，窗台上的饰品一定是面向路人展示的；如果花园正对马路，那么从路边看到的花园景致一定很精彩。在羊角村，处处可见生机勃勃的绿树花草，以及掩映在树丛中的茅舍。有人说，那里鲜花簇拥的茅草屋、质朴的木桥和蜿蜒的乡间小路，让人们感到既新鲜又熟悉，仿佛有童年时故乡的影子。像羊角村这样充满诗意的乡村，体现了环境、文化、艺术的统一，实现了人与人、人与自然的和谐。

这里，自然山水、艺术田园、农耕体验、诗意栖居是相互关联的，共同构成一幅美丽的画卷，在一定程度上反映出乡村艺术化的本质和特征。同时更要看到，这仅仅是对乡村艺术化的部分的、初步的、形象的描述，只能是乡村艺术化研究的起点。

第三节　乡村艺术化必须彰显乡村价值

乡村艺术化是一个新课题，更是一篇实践性很强的大文章，必须遵循乡村发展规律，处理好乡村与城市、艺术与自然、艺术与经济、艺术与科技、艺术与文化以及不同艺术之间的关系，彰显乡村自身在经济、生态、社会、文化等方面的独特价值。

以四川为例，山水相依，物华天宝，人杰地灵，自古以来就被誉为"天府之国"。几千年来，勤劳的四川人在这片土地上创造了以都江堰为代表的深厚且多彩的水文化和农耕文化，培育了李白、"三苏"等诗仙、文豪以及张大千那样的国画大师，乡村艺术化条件得天独厚，韵味不可替代。党的十八大以来，四川以让农民群众"住上好房子、过上好日子、养成好习惯、形成好风气"为目标，实施"扶贫解困、产业提升、旧村改造、环境整治和文化传承"五大行动，创新"小组微生"和"藏区新居""彝家新寨""巴山新居""乌蒙新村"等建设模式，建成"业兴、家富、人和、村美"的幸福美丽新村23 160个，在全国美丽乡村建设中独树一帜。这正是中央精神在四川的具体化，得到了习近平总书记的充分肯定。只要我们坚定实施乡村振兴战略，在幸福美丽新村建设中擦亮金字招牌，顺时推进乡村艺术化，就能打造出山水自然、特色农业、田园生活、农耕文化、现代文明有机融合，既与时俱进又特色鲜明，如诗如画的水墨乡村或水墨村寨。这里，水代表山水、代表自然，墨代表书写、代表文化，"水""墨"这两个方面合起来便是国画、便是艺术。平原、丘陵、山区、高原藏区、大小凉山彝区五彩缤纷、千姿百态的水墨乡村，从空中鸟瞰，正是一幅具有鲜明四川特色的现代版《富春山居图》。

推进乡村艺术化，打造各具特色的现代版《富春山居图》，涉及的具体问题较多。从这些年各地美丽乡村建设中的诸多现象来看，当前应当注意把握好以下五个问题：

其一，要弄懂乡村之美，防止景观城市化。福建省住建厅曾经公布过一批美丽乡村建设负面典型，引起了不小的反响，其中一个突出表现是把美化城市的一些做法搬到乡下去，搞什么大亭子、大牌坊、大公园、大广场，结果是农村不像农村、城市不像城市。类似情况，全国各个地方都不同程度出现过，有的地方还在继续，反映出我们对乡村艺术和乡村美在认识上的误区。必须看到，乡村不同于城市，不能跟着城市去追求"高大上"，不能去打破人与自然的和谐状态。余村、元阳梯田、羊角村等国内外乡村艺术化的实践表明，乡村之美，离不开乡村的自然、经济、社会、文化，乡村美在山水、美在田园、美在农耕、美在体验、美在浓浓的乡愁。正因为这样，美丽乡村才能与美丽城市交相辉映，相得益彰。因此，乡村艺术化一定要体现乡村自身的特点，切忌照抄照搬城市美化的做法。

其二，要着力张扬个性，防止千村一面。我们下乡调研，特别是参观各地打造的一些样板村的时候，走到一村又一村，每一个参观点孤立起来看似乎都像模像样的，但是一对比起来看又觉得都差不多，看得越多越给人以单调乏味的感觉，让人产生"审美疲劳"。问题就在于缺乏个性，张三把旧猪圈改成猪圈咖啡，李四没有猪圈则先建个猪圈再改成猪圈咖啡。事实上，不同的村庄，其自然条件、经济条件、历史文化都不一样。在四川，人们经常提到的巴山新居、乌蒙新村、藏区新居、彝家新寨都各具特色。乡村艺术化必须体现各自的地域特色、产业特色、民族风格、民俗风情和民居风貌，村与村之间一定要有不同的个性，同一个村庄也应当让户与户之间有所差异。只有充分尊重个性，看到差异性、用好差异性，下功夫做出各自鲜明的特色来，乡村艺术化才能绘织出多姿多彩的村庄"脸谱"，各美其美。

其三，要发展美丽经济，防止中看不中用。根据网友反映，2014年7月，我们曾就"新村变鬼村"问题做过专题调研，发现有的新村聚居点确实入住率不高，缺少人气，甚至空心化。我们看到，那些地方也有一些艺术性，有些方面看上去也很美，问题就在于没有处理好艺术化和经济发展的关系，没有把乡村艺术化融入经济发展，而是将其变成乡村摆设，产业没有发展起来。从国内外诸多成功案例来看，像日本岐阜县白川乡合掌村那样的美丽乡村，凭借其艺术化促进了当地经济的发展，老百姓人人有事干、有钱赚。总结吸取现实的经验与教训，在推进乡村艺术化过程中，必须转变观念，打开眼界，把美丽、艺术化作为乡村经济发展的宝贵资源，并使之变成资本，发展观光农业、休闲农业、体验农业、民宿经济等乡村旅游产业，促进农村一二三产业融合发展，推动产业大升级，实现产业兴旺，让农民群众共同富裕起来。

其四，要注重乡村设计，防止破坏性建设。如果说美丽乡村建设规划仍然滞后的话，那么设计就还没有真正起步。一些村子到处都堆满仿古建筑、长廊、亭子、假山、雕塑、名贵树木等"艺术品"，墙上也画了很多东西，投入巨资，结果只是热闹一阵子，昙花一现，这与它们缺少设计、不伦不类有很大的关系。没有设计或不讲科学的设计，通常会带来建设性破坏，有的把两三百年的老房子拆了、把成百上千年的老村子推了，付出了沉重的代价；有的堆满旧轮胎，成为工业文明的垃圾场。实践告诉我们，乡村艺术化离不开艺术设计，必须注重设计，强调设计在前，坚持用科学设计去提升乡村艺术化水平。当然，设计是一门学问，现在懂这门学问且有丰富设计经验的人还比较稀缺，那些区位优、条件好、文化底蕴深、个性特色鲜明的村，一定要请高水平的专业人士，在深入调查研究、广泛听取意见的基础上，进行整体科学设计。

其五，要坚持分类指导，防止化妆运动。一哄而上是我们的老毛病，新农村建设中的风貌改造，就曾经在许多地方的场镇和主要公路沿线变成"粉墙运动""化妆运动"，地方政府甚至不惜血本负债改造。乡村艺术化一定要吸取教训，从实际出发，分步实施，注重实效，有序推进。首先要考虑区位、资源、经济、文化等条件好，美丽乡村建设有基础，干部群众积极性高的地方，从那些地方入手实施乡村艺术化。在实施过程中，应当充分考虑现有基础，精心设计，不能脱离现实基础，更不能借此机会大拆大建。同时也要处理好局部和整体、当前和长远的关系，不能顾此失彼、因小失大，不能急功近利、急于求成。条件暂不具备的地方，切不可盲动。当然也要有乡村艺术化发展的意识，在规划设计和建设过程中，注意并学会"留白"，为今后的提升留下空间。

总之，推进乡村艺术化、以多样化美打造各具特色的现代版《富春山居图》，是乡村振兴的新课题。我们应当站在新时代的高度，运用新理念、新思想、新方法，从不同的视角，在对比与借鉴中，深入乡村内部，研究把握乡村艺术化的本质、特征和表现，形成乡村艺术化理论，以指导美丽新村建设实践。只有这样，才能彰显乡村价值，让美丽乡村成为现代化强国的标志、美丽中国的底色。

参考文献

[1] 蔡昉，王德文. 经济增长成分变化与农民收入源泉 [J]. 管理世界，2005（5）：77-83.

[2] 陈柏峰. 乡村振兴战略背景下的村社集体：现状与未来 [J]. 武汉大学学报（哲学社会科学版），2018（3）：154-163.

[3] 陈良文，杨开忠，沈体雁，等. 经济集聚密度与劳动生产率差异——基于北京市微观数据的实证研究 [J]. 经济学（季刊），2009，8（1）：99-114.

[4] 陈宇峰. 城市郊区休闲农业项目集聚度研究 [D]. 南京：南京农业大学，2013.

[5] 戴子刚. 农村现代化先行村经济转型趋势分析——以江苏为例 [J]. 当代经济，2015（7）：44-47.

[6] 冯子标，王建功. 以土地银行主导农地使用权流转 [J]. 当代经济研究，2009（11）：45-49.

[7] 高建秋. 休闲农业投资项目评价指标体系构建研究 [D]. 杨凌：西北农林科技大学，2014.

[8] 郭金玉，张忠彬，孙庆云. 层次分析法的研究与应用 [J]. 中国安全科学学报，2008（5）：148-153.

[9] 郭晓鸣. 乡村振兴战略的若干维度观察 [J]. 改革，2018（3）：54-61.

[10] 郭晓鸣，张克俊，虞洪，等. 实施乡村振兴战略的系统认识与道路选择 [J]. 农村经济，2018（1）：11-20.

[11] 韩玫. 绿色发展视角下美丽乡村建设研究 [J]. 乡村科技，2017（27）：16-17.

[12] 韩啸，张安录，朱巧娴，等. 土地流转与农民收入增长、农户最优经营规模研究——以湖北、江西山地丘陵区为例 [J]. 农业现代化研究，2015，36（3）：368-373.

[13] 郝静. 生态人类学视域下民族地区乡村绿色发展研究 [D]. 贵阳：贵

州财经大学，2017.

[14] 贺佳.多管齐下 多效并举 坚定不移走乡村绿色发展之路 [N]. 湖南日报，2018-01-02.

[15] 贺雪峰.谁的乡村建设——乡村振兴战略的实施前提 [J]. 探索与争鸣，2017（12）：71-76.

[16] 胡鞍钢.中国：创新绿色发展 [M]. 北京：中国人民大学出版社，2012.

[17] 胡冬生，余秀江，王宣喻.农业产业化路径选择：农地入股流转、发展股份合作经济——以广东梅州长教村为例 [J]. 中国农村观察，2010（3）：47-59.

[18] 黄季焜.对农民收入增长问题的一些思考 [J]. 经济理论与经济管理，2000（1）：56-61.

[19] 黄季焜，王晓兵，智华勇，等.粮食直补和农资综合补贴对农业生产的影响 [J]. 农业技术经济，2011（1）：4-12.

[20] 黄砺，谭荣.农地还权赋能改革与农民长效增收机制研究——来自四川省统筹城乡综合配套改革试验区的证据 [J]. 农业经济问题，2015，36（5）：12-21.

[21] 黄映晖，史亚军.北京都市型现代农业评价指标体系构建及实证研究 [J]. 北京农学院学报，2007（3）：61-65.

[22] 黄祖辉.准确把握中国乡村振兴战略 [J]. 中国农村经济，2018（4）：2-12.

[23] 黄祖辉，王敏，宋瑜.农村居民收入差距问题研究——基于村庄微观角度的一个分析框架 [J]. 管理世界，2005（3）：75-84.

[24] 贾晋，李雪峰，刘莉."扩权强县"政策是否促进了县域经济增长——基于四川省县域2004—2012年面板数据的实证分析 [J]. 农业技术经济，2015（9）：64-76.

[25] 江建民."农旅+文旅"促秀美乡村绿色发展 [N]. 抚州日报，2018-07-06.

[26] 蒋南平，向仁康.中国经济绿色发展的若干问题 [J]. 当代经济研究，2013（2）：50-54.

[27] 蒋永穆.基于社会主要矛盾变化的乡村振兴战略：内涵及路径 [J]. 社会科学辑刊，2018（2）：15-21.

[28] 蒋永穆，刘虔.新时代乡村振兴战略下的小农户发展 [J]. 求索，2018（2）：59-65.

[29] 蓝海涛，涂圣伟，张义博，等.我国实施乡村振兴战略的对策思考

［J］. 宏观经济管理，2018（4）：60-63.

［30］雷若欣. 乡村振兴战略的"五大要求"与实施路径［J］. 人民论坛·学术前沿，2018（5）：67-71.

［31］李东雷，黄彩英. 农民积极参与乡村经济绿色发展的路径探究——以河北省为例［J］. 农业经济，2018（4）：81-82.

［32］李国祥. 农业结构调整对农民增收的效应分析［J］. 中国农村经济，2005（5）：12-20.

［33］李练军. 基于 AHP 法的江西现代农业发展水平评价及比较分析［J］. 安徽农业科学，2015，43（2）：334-336.

［34］李明贤，周蓉. 湖南省农村金融发展与农民非农收入增长关系的实证研究［J］. 农业经济与管理，2015（2）：5-13.

［35］李晓西，刘一萌，宋涛. 人类绿色发展指数的测算［J］. 中国社会科学，2014（6）：69-95.

［36］李周. 乡村振兴战略的主要含义、实施策略和预期变化［J］. 求索，2018（2）：44-50.

［37］李佐军. 中国绿色转型发展报告［M］. 北京：中共中央党校出版社，2012.

［38］廉维亮. 统筹乡村振兴和生态保护 推动乡村绿色发展［N］. 人民政协报，2018-06-04.

［39］凌耀初. 中国县域经济发展分析［J］. 上海经济研究，2003（12）：3-11.

［40］刘春荣，勾利娜，冯铁英，等. 推进乡村绿色发展的路径研究［J］. 新西部（理论版），2016（18）：73-74.

［41］刘克春. 粮食生产补贴政策对农户粮食种植决策行为的影响与作用机理分析——以江西省为例［J］. 中国农村经济，2010（2）：12-21.

［42］刘文敏. 上海村级经济发展分析［J］. 上海经济研究，2007（9）：72-75.

［43］刘小琳，罗秀豪. 广东实施绿色发展战略的对策建议［J］. 科技管理研究，2012，32（7）：37-40.

［44］卢盛荣，李文溥，易明子. 农民增收：地权稳定抑或土地流转？——基于对漳浦县农地细碎化和农业投入的产出弹性分析［J］. 东南学术，2012（2）：86-94.

［45］陆文聪，吴连翠. 国家财政支农与农民增收的实证研究［J］. 华南农业大学学报（社会科学版），2008（1）：19-24.

［46］罗必良. 明确发展思路，实施乡村振兴战略［J］. 南方经济，2017

(10)：8-11.

[47] 罗必良.农业供给侧改革的关键、难点与方向 [J].农村经济，2017(1)：1-10.

[48] 罗东，矫健.国家财政支农资金对农民收入影响实证研究 [J].农业经济问题，2014，35 (12)：48-53.

[49] 聂扬飞.大力推进乡村绿色发展 [N].安徽日报，2018-06-01.

[50] 彭代彦，吴扬杰.农地集中与农民增收关系的实证检验 [J].中国农村经济，2009 (4)：17-22.

[51] 齐建国.循环经济与绿色发展——人类呼唤提升生命力的第四次技术革命 [J].经济纵横，2013 (1)：43-53.

[52] 阮建青，石琦，张晓波.产业集群动态演化规律与地方政府政策 [J].管理世界，2014 (12)：79-91.

[53] 申云.农户家庭收入流动水平的结构差异及其影响因素分析——基于"远亲"与"近邻"的视角 [J].经济理论与经济管理，2016 (6)：88-101.

[54] 盛来运.农民收入增长格局的变动趋势分析 [J].中国农村经济，2005 (5)：21-25.

[55] 史红亮，张正华.城市边缘区土地置换对农民财产性收入的影响分析 [J].经济问题，2013 (12)：84-89.

[56] 孙继辉.增加农民收入的新思路 [J].管理世界，2004 (4)：141-146.

[57] 唐礼智.农村非正规金融对农民收入增长影响的实证分析——以福建省泉州市为例 [J].农业经济问题，2009 (4)：76-79.

[58] 唐任伍.新时代乡村振兴战略的实施路径及策略 [J].人民论坛·学术前沿，2018 (3)：26-33.

[59] 唐啸，胡鞍钢.绿色发展与"十三五"规划 [J].学习与探索，2016 (11)：120-125.

[60] 王立胜，刘岳.乡村振兴战略：新时代农业农村工作的总遵循 [J].红旗文稿，2018 (3)：20-22.

[61] 王丽.基于 AHP 的城市旅游竞争力评价指标体系的构建及应用研究 [J].地域研究与开发，2014，33 (4)：105-108.

[62] 王玲玲，张艳国."绿色发展"内涵探微 [J].社会主义研究，2012 (5)：143-146.

[63] 王帅.扎实推进农业绿色发展 开启乡村振兴新征程 [J].农银学刊，

2018 (1)：8-11.

[64] 王小华，王定祥，温涛.中国农贷的减贫增收效应：贫困县与非贫困县的分层比较 [J].数量经济技术经济研究，2014，31 (9)：40-55.

[65] 王欣.乡村绿色发展需压实村两委环保责任 [N].中国环境报，2018-01-05.

[66] 魏后凯.如何走好新时代乡村振兴之路 [J].人民论坛·学术前沿，2018 (3)：14-18.

[67] 温涛，冉光和，熊德平.中国金融发展与农民收入增长 [J].经济研究，2005 (9)：30-43.

[68] 吴文江.AHP中判断矩阵的满意的一致性的研究 [J].数学的实践与认识，2010，40 (19)：181-189.

[69] 吴晓华.实施乡村振兴战略的路线图和任务书——2018年中央一号文件解读 [J].前线，2018 (4)：46-48.

[70] 吴玉鸣.县域经济增长集聚与差异：空间计量经济实证分析 [J].世界经济文汇，2007 (2)：37-57.

[71] 夏敏雅.杭州富阳农村推新助力乡村绿色发展 [J].墙材革新与建筑节能，2017 (4)：19.

[72] 杨建利，邢娇阳.我国农业供给侧结构性改革研究 [J].农业现代化研究，2016，37 (4)：613-620.

[73] 杨建林.绿色发展实施战略与科学发展观 [J].思想战线，2013，39 (2)：153-154.

[74] 杨平.绿色发展的新内涵 [J].辽宁行政学院学报，2016 (7)：87-90.

[75] 杨雪星.新常态下中国绿色经济转型发展与策略应对 [J].福州党校学报，2015 (1)：72-76.

[76] 杨志强.增加农民财产性收入路径研究——以福建省泉州市为例 [J].调研世界，2012 (12)：30-33.

[77] 叶兴庆.新时代中国乡村振兴战略论纲 [J].改革，2018 (1)：65-73.

[78] 易巧巧，魏红霞.绿色发展视域下当代中国乡村治理研究——以霍邱县为例 [J].皖西学院学报，2016，32 (3)：27-32.

[79] 张红宇.乡村振兴与制度创新 [J].农村经济，2018 (3)：1-4.

[80] 张红宇，张海阳，李伟毅，等.当前农民增收形势分析与对策思路 [J].农业经济问题，2013，34 (4)：9-14.

［81］张军.乡村价值定位与乡村振兴［J］.中国农村经济，2018（1）：2-10.

［82］张五常.中国的经济制度［M］.北京：中信出版社，2009.

［83］张晓山.实施乡村振兴战略的几个抓手［J］.人民论坛，2017（33）：72-74.

［84］张照新.以乡村振兴战略引领新时代农业农村优先发展［J］.人民论坛·学术前沿，2018（3）：34-39.

［85］钟甫宁.劳动力市场的调节是农民增收的关键——评《农村发展与增加农民收入》［J］.中国农村经济，2007（5）：78-80.

［86］钟甫宁，孙江明.农业科技示范园区评价指标体系的设立［J］.农业开发与装备，2007（1）：21-27.

［87］钟钰，蓝海涛.中高收入阶段农民增收的国际经验及中国农民增收趋势［J］.农业经济问题，2012，33（1）：73-79.

［88］周宏春.乡村振兴背景下的农业农村绿色发展［J］.环境保护，2018，46（7）：16-20.

［89］周应恒，赵文，张晓敏.近期中国主要农业国内支持政策评估［J］.农业经济问题，2009，30（5）：4-11.

［90］朱新华，张金明.农村宅基地资本化及其收益分配研究［J］.经济体制改革，2014（5）：73-76.

［91］奥利维娜·阿苏里.审美资本主义［M］.黄琰，译.上海：华东师范大学出版社，2013.

［92］北川富朗.乡土再造之力：大地艺术节的10种创想［M］.欧小林，译.北京：清华大学出版社，2015.

［93］曹锦清.黄河边的中国［M］.上海：上海文艺出版社，2000.

［94］丹尼尔·贝尔.资本主义文化矛盾［M］.严蓓雯，译.南京：江苏人民出版社，2012.

［95］董进智."微田园"彰显农村特色［J］.农村工作通讯，2013（7）：8-9.

［96］董进智.推进乡村艺术化　打造四川特色鲜明的现代版"富春山居图"［N］.四川日报，2018-04-11.

［97］董进智."微田园"让乡村添美丽［N］.人民日报，2017-05-05.

［98］董进智.为乡村插上艺术的翅膀［N］.农民日报，2018-03-28.

［99］杜赞奇.文化、权力与国家［M］.南京：江苏人民出版社，2003.

［100］贡布里希.艺术发展史：艺术的故事［M］.范景中，译.天津：天津

人民美术出版社，2006.

[101] 贺雪峰. 乡村治理研究的进展 [J]. 贵州社会科学，2007（6）：4-8.

[102] 贺雪峰. 乡村治理研究的三大主题 [J]. 社会科学战线，2005（1）：219-224.

[103] 贺雪峰，董磊明. 中国乡村治理：结构与类型 [J]. 经济社会体制比较，2005（3）：42-50.

[104] 贺雪峰，董磊明，陈柏峰. 乡村治理研究的现状与前瞻 [J]. 学习与实践，2007（8）：116-126.

[105] 黄宗智. 连接经验与理论：建立中国的现代学术 [J]. 开放时代，2007（4）：5-25.

[106] 蒋永甫. 乡村治理：回顾与前瞻——农村改革三十年来乡村治理的学术史研究 [J]. 宝鸡文理学院学报（社会科学版），2009（1）：30-36.

[107] 景跃进. 当代中国农村"两委关系"的微观解析与宏观透视 [M]. 北京：中央文献出版社，2004.

[108] 克莱夫·贝尔. 艺术 [M]. 周金环，马钟元，译. 北京：中国文艺联合出版公司，1984.

[109] 李立清，李明贤. 社会主义新农村建设评价指标体系研究 [J]. 经济学家，2007（1）：45-50.

[110] 李泽厚. 美的历程 [M]. 天津：天津社会科学院出版社，2001.

[111] 蔺雪春. 当代中国村民自治以来的乡村治理模式研究述评 [J]. 中国农村观察，2006（1）：74-79.

[112] 凌继尧. 艺术设计十五讲 [M]. 北京：北京大学出版社，2006.

[113] 刘晔. 治理结构现代化：中国乡村发展的政治要求 [J]. 复旦学报（社会科学版），2001（6）：56-61.

[114] 刘祖华. 中国乡村治理结构的现代转型逻辑 [J]. 调研世界，2007（8）：9-11.

[115] 马克·盖特雷恩. 认识艺术 [M]. 王滢，译. 北京：世界图书出版公司，2014.

[116] 亚伯拉罕·马斯洛. 动机与人格 [M]. 许金声，等，译. 北京：中国人民大学出版社，2007.

[117] B. 约瑟夫·派恩二世. 体验经济 [M]. 夏业良，鲁炜，译. 北京：机械工业出版社，2008.

［118］徐复观. 中国艺术精神［M］. 北京：商务印书馆，2010.

［119］薛琳. 一块"生态砖"引出的乡村绿色发展新方向［N］. 农民日报，2016-11-17.

［120］徐勇. 乡村治理与中国政治［M］. 北京：中国社会科学出版社，2003.

［121］徐勇. 挣脱土地束缚之后的乡村困境及应对——农村人口流动与乡村治理的一项相关性分析［J］. 华中师范大学学报（人文社会科学版），2000（2）：5-11.

［122］徐勇. 县政、乡派、村治：乡村治理的结构性转换［J］. 江苏社会科学，2002（2）：27-30.

［123］徐增阳，黄辉祥. 财政压力与行政变迁——农村税费改革背景下的乡镇政府改革［J］. 中国农村经济，2002（9）：19-25.

［124］俞孔坚. 回到土地［M］. 北京：生活·读书·新知三联书店，2009.

［125］张国云. "两山"理论诞生与践行［J］. 中国发展观察，2018（Z1）：122-126.

［126］张厚安. 乡政村治——中国特色的农村政治模式［J］. 政策，1996（8）：26-28.

［127］张静. 基层政权：乡村制度诸问题［M］. 杭州：浙江人民出版社，2000.

［128］张静. 国家政权建设与乡村自治单位——问题与回顾［J］. 开放时代，2001（9）：5-13.

［129］张磊. 新农村建设评价指标体系研究［J］. 北京：经济纵横，2009（7）：67-70.

［130］张世英. 境界与文化：成人之道［M］. 北京：人民出版社，2007.

［131］张晓山. 简析中国乡村治理结构的改革［J］. 管理世界，2005（5）：70-76.

［132］赵树凯. 乡镇治理与政府制度化［M］. 北京：商务印书馆，2010.

［133］郑茂刚. 中国乡村治理的演进：特征与影响［J］. 遵义师范学院学报，2007（3）：10-12.

［134］周红云. 社会资本与民主［M］. 北京：社会科学文献出版社，2011.

［135］周铁涛. 农民政治参与视域下的农村治理法治化［J］. 宁夏社会科学，2017（2）：67-73.

［136］朱光潜. 谈美 文艺心理学［M］. 北京：中华书局，2012.

［137］宗白华. 美学散步［M］. 上海：上海人民出版社，2015.